ni ward er io zi manne, ni er gisehe wanne (ouh ellu worolt ubar lant) then druhtines heilant O 1,23,32. er ... sie thar lerta filu fram, ... thaz sie irkantin thoh bi thiu, thaz er was druhtin heilant ubar allaz thaz lant 4,1,13. in alliu lant fuor iro (d. i. der Himmel) scal. unde in ende dero uuerlte chamen iro uuort *in omnem terram exivit sonus eorum. et in fines orbis terrae verba eorum* NpNpw 18,5; *ferner:* O 5,19,33;

d) *im christl. Sinne, meist mit näheren Best. (durch Adj., Gen.-Attrib.):*

α) *für das Reich Gottes, Paradies:* manot unsih thisu fart, thaz wir es wesen anawart, wir ... eigan lant suachen ... thaz lant thaz heizit paradis [*vgl. regio quippe nostra paradisus est, Hrab. zu Matth. 2*] O 1,18,2. 3. ni gifahit iuih io thaz heil, thaz eigit himilriches deil, zi themo sconen lante io iuer fuaz giwente 2,18,8. aber die mammenden. die andere fertragent. die besizzent das lant. sie besizzent dia himeliscun Ierusalem *mansueti autem possidebunt terram* Np 36,11. (got) zimberota sin heiligunga. gelicha demo einhurnen in demo lande. daz er ze euuon gefestenota *aedificavit sicut unicornium sanctificium suum ... in terra quam fundavit in saecula* 77,69; *ferner:* O 1,18,32. 5,4,52. 23,226. 245; – *das verheißene Land Kanaan als Sinnbild für das Reich Gottes, Paradies:* lustlih lant. terram promissionis (keheizlant). i. regnum cęlorum (daz ist himilriche). ahtoton sie fure nieht *pro nihilo habuerunt terram desiderabilem* NpNpw 105,24. irhuge uuaz du uns peneimet eigist. nals terram Chanaan (daz lant). nube regnum cęlorum (himelriche) Npgl 73,20; *ferner:* Npw 104,45 (Np *regio*, Npgl lantscaft); lant giheizes (*nur* Npgl): dir gibo ih terram promissionis (Npgl daz lant keheizzis, Npw tia erda dero intheizede). dir populo fideli (geloubigemo liute) ... gibet (*der Glaube*) regnum cęlorum (himelriche) daz ist terra promissionis (Npgl lant keheizzis, Npw diu erda dero intheizade) Npgl 104,11; *ferner:* 44,3. 74,9. 88,40. 105,33 (Npw thia erda thero intheizida, *alle* Np *terra promissionis*); – thero lebĕntôno lant, lebêntero lant, lant lebĕntôno: ih uuirdo irgezzet in terra uiuentium (Npgl lande lebendon, Npw in dero lebenden lande). des ih hier lido in terra morientium (Npgl lande todenton, Npw in dero erda dero sterbenden) NpglNpw 26,13. skeit sie (*die Feinde*), herro, uone imen holden, skeit sie uone dero lebenden lande Npw 16,14 (Np *de terra viventium*, Npgl fone erdo dero lebenton); *ferner:* NpNpw 26,13 (*terra viventium*). 114,9 (*regio vivorum*). Cant. Ez. 11 (*terra viventium*);

β) *für die irdische, vergängliche Welt:* (*Christus*) quam in girihti in thesa woroltslihti, in thiz lant breita, al soso er (*Johannes*) gimeinta O 2,2,18 (*vgl. auch* c). hier in lande daz uuuoste ist. unde âna uueg. unde âna uuazzer. Vuelez ist daz? Disiu uuerlt *in terra deserta. et sine via et sine aqua* Np 62,3. daz hier neist regio gaudendi sed gemendi. et non exsultandi. sed plangendi (lant mandungo sunder siuftodes noh sprangonis sunder charonnis) Npgl 54,1. operatvs est salvtem in medio terrę (er uuorhta heili in mittemo lande). unde daz ist in medio gentium (in mitten dietin) 73,17; *ferner:* O 1,18,16. 21. 4,4,64. 12,61. 5,19,26; lant tôdĕntôno: ih uuirdo irgezzet in terra uiuentium (lande lebendon). des ih hier lido in terra morientium (lande todenton) Npgl 26,13 (Npw in dero erda dero sterbenden);

γ) *für das Reich des Todes:* mugen diniu uuunder bechennet uuerden in tenebris ... alde din reht in ungehuhtigemo lande. so die sint. die gotes irgezzen habent? *numquid cognoscentur in tenebris mirabilia tua. et iustitia tua in terra oblivionis?* Np 87,13;

e) *in antiker Vorstellung: eine (Himmels-)Region (vgl. dazu Glauch, Mart. Capella S. 477):* so sie fone allen landen des himelis daz chit fone allen zonis sus keladot uuurten *ex cunctis igitur caeli regionibus advocatis diis* Nc 738,18 [54,11b/12].

3) *Land, im Gegensatz zum Wasser:*

a) *Ufer:* sar uuas thaz skef zi lante zi themo sie fuorun *statim fuit navis ad terram quam ibant* T 81,4. thie anthere zi lante quamun feriente [*vgl. alii autem discipuli navigio venerunt, non enim longe erant a terra, Joh. 21,8*] O 5,13,27. taz ouh ter mere ... in (*d. i.* dien uuellon) ... nehenge ferror stadon uz. an daz lant *ne ... fluctibus liceat tendere latos terminos in terris* Nb 125,6 [107,26]; *ferner:* O 3,8,21;

b) *Festland:* des freuue sih continens terra (diu zesaminehabiga erda). Freuuen sih is ouh terrę aquis interruptę (erda mit uuazzeren undirnomine). Zesaminehabig lant uzzerunhalb meres. heizzet continens Np 96,1.

4) *Glossenwort:* lant *arvum* Gl 3,224,25. *regio* 382,9 (*darauf* terra *idem; es folgt* geginôti *territorium*). creiza 398,44 (*Hildeg., lingua ignota*).

5) *Unsichere Zuordnung: infolge Textverderbnis:* lante S 177,4; – *in einem nicht vollständig gedeuteten Spottvers (vgl. Steinm. z. St.):* churo comsic herenlant aller oter lestilant S 401,1,5; *vgl. dazu in ders. Hs. das vorausgehende variierende Bruchstück des gleichen Verses:* h. ro comsisc herrelant 7. Liegt eine Wortgruppe her en lant *'hierher ins Land' (d. h. in die St. Galler Gegend (?); vgl. dazu MSD 2³,261 f., Sonderegger, Ahd. S. 75) im Reim zu ebenfalls unklarem* lestilant (*s. dort) vor?*

Komp. fater-, finstar-, grioz-, giheiz-, môr-, ôstar-, phliht-, seli-, sêo-, uueraltlant, kirikland *as.; Abl.* ?lenti, lentilîn, gilanto, lantscaf, -scaft, landskepi *as.*, gelendo *aostndfrk.;* -lenti; lenten; *vgl.* -lentîg; *vgl. auch* lestilant.

[BULITTA]

lant Gl 1,736,12 *s.* heilant.

lant.. Gl 4,230,37 (*Zürich Rhein. 99ª, 9. Jh.*) *zu:* terrigena *ist verstümmelt u. auf Grund des fehlenden Zweitbestandteils nicht sicher zuzuordnen. Steinm., Anm. z. St., konjiziert* lantpuant *zu* lantbûant *st. m., im Hinblick auf das lat. Lemma wären jedoch auch Bildungen mit* -boran, -burtîg *oder* -bûuuo *denkbar.*

lantbigengo *sw. m.; ae.* landbegenga. – *Graff IV,104.*

lant-pi-kenk-: *nom. sg.* **-eo** Gl 1,41,4 (*R*); **-o** 2,316,17/18 (*Jb*); **-kengeo:** *dass.* 1,185,2 (*R*); **-genko:** *dass.* 2,316,17 (*Re*).

einer, der (angestammtes oder fremdes) Land bewohnt u. bebaut (vgl. Bergmann, Bauer S. 106, Mlat. Wb. I,97,2 u. 5ff. s. v. accola): lantpikenkeo *accola* Gl 1,41,4 (*PaKRa* lantsidilo). lantpikengeo purcliut *indigena cives* 185,2 (*PaKRa* ?innoti). 2,316,17 (*zur Glossengrundlage vgl. ZfdA. 26,329*).

lantbûant *st. m.; ae.* landbúend; *an.* landbúandi (*vgl. Baetke, Wb. S. 359*). – *Graff III,19 s. v.* lantbûari.

lant-puant: *acc. pl.* Gl 3,8,19 (*Voc.; zur kons. Flexion vgl. Braune, Ahd. Gr.¹⁵ § 236 Anm. 1*).

einer, der (angestammtes) Land bewohnt u. bebaut: lantpuant *indegenos* [*wohl zu:* miseros quae (*i. e.* gypsa) dudum faucibus atris sorbuit] indigenas [*Aldh., De virg. 809*] (*zur Kontextzuordnung vgl. Steinm.*).

Vgl. lantbûanti.

lantbûanti *adj.; ae.* landbúende. – *Graff III,17.*

lant-puanter: *nom. sg. m.* Gl 1,77,16 (*R*).

substant.: einer, der (angestammtes oder fremdes) Land bewohnt u. bebaut (*vgl.* Bergmann, Bauer S. 92, Mlat. Wb. II,885,12 ff. *s. v.* colonus): kapuro lantpuanter *coloni* (Hs. *-e*) *inquilini* (Hs. *-e*).

Vgl. lantbûant.

Vgl. Karg-Gasterstädt, Beitr. 65,204.

lantbûo *s.* lantbû(uu)o.

lantbûuuâri *st. m., frühnhd.* landbauer; *mnl.* lantbouwer(e). – *Graff III,19.*

lant-bvwere: *nom. sg.* Gl 3,428,2 (*Wien 804,12. Jh.*).

Landbewohner, -mann: rurigena (*unter der Überschr. De condicione, davor die Gll.* alienigena elender *u.* accola incola indigena. colonus).

Vgl. Karg-Gasterstädt, Beitr. 65,204.

lantbû(uu)o *sw. m.; mnd.* lantbô; *an.* landbúi (*vgl.* Fritzner 2,405). – *Graff III,18.*

lant-puun: *nom. pl.* Gl 1,76,14 (*PaRa; in Ra* -n *aus* -m *rad.*).

lant-puuuo: *nom. sg.* Gl 1,274,56 (*Jb*); **-puuo:** *dass.* ebda. (*Rd*). – *Mit Schwund des* -t- (*vgl. Gröger § 126,2cα*): **lanpuuuon:** *nom. pl.* Gl 1,76,14 (*K;* -n *am Zeilenende über* o, *vgl.* Kögel S. 193).

einer, der (angestammtes oder fremdes) Land bewohnt u. bebaut, Siedler (*vgl. auch DRWb. 8,336*): lantpuun inlente innena lantes *coloni* (Hs. *-e*) *incolae* (Hs. *-e*) *inquilini* (Hs. *-e*) Gl 1,76,14 (*R* gibûro). lantpuuo [*eadem lex erit indigenae et*] colono (Hs. *colonus*) [*quis peregrinatur apud vos, Ex. 12,49*] 274,56.

lantthiot *st. m.* (*zum Genus vgl.* Kelle 2,144), *mhd.* lantdiet *st. f. n., frühnhd.* landdiet *f.* – *Graff V,129.*

lant-thiot: *nom. sg.* O 4,21,12 (*PV*); **-dioth:** *dass.* ebda. (*F*).

Einwohnerschaft eines Landes, Volk: thie liuti wizun ... thaz ih (*Pilatus*) Judeo ni bin; thines (*d. i. Jesu*) selbes lantthiot gab thih mir in thesan not [*vgl. gens tua ... tradiderunt te mihi, Joh. 18,35*].

lantfrid(-) *s.* lamprîd-.

lantgenga *sw. f.* – *Graff IV,103.*

lantkenkia: *nom. sg.* Gl 1,231,10 (*Ra*).

Landstreicherin, Prostituierte: lantkenkia zatre *prostituta meretrix* (*R* firhaltaniu).

lantgrâve *mhd. sw. m., nhd.* landgraf; *mnd.* lantgrêve, -grâve, -grâf, *mnl.* lantgrave. – *Graff IV,314.*

lant-grave: *nom. sg.* Gl 3,356,68 (-ġve). – **lant-greue:** *nom. sg.* Gl 3,378,38 (*Jd*).

Statthalter, Befehlshaber über ein Gebiet: lantgrave *regionalis* Gl 3,356,68. comes utriusque militie equestris et pedestris. Legitur et patricius dictus quem hodie lantgreue dicimus 378,38 (*vgl. Mlat. Wb. II,913,47 ff. u. 917,26 ff.*).

lantheb: Gl 4,158,42 (*vgl.* Beitr. 73,220; lantheb': Steinm.) *s.* lantuobo.

lanthêrro *sw. m., mhd.* lantherre, *nhd.* (*älter*) landherr; *mnd. mnl.* lanthêre; *afries.* lond-, landhera; *vgl. an.* landsherra. – *Graff IV,993.*

lant-herr-: *nom. sg.* **-o** Gl 1,764,34; *nom. pl.* **-en** Np 23,7 (*voc.;* -ê-); **-heren:** *dass.* Npw ebda.

Inhaber der Herrschaftsgewalt über ein Gebiet:

a) *Landesherr, Fürst:* nement furder lantherren iuuuere portas *tollite portas principes vestras* NpNpw 23,7;

b) *Statthalter, Vorsteher:* lantherro [*Damasci*] *praepositus* [*gentis Aretae regis, custodiebat civitatem Damascenorum, ut me comprehenderet, 2. Cor. 11,32*] Gl 1,764,34.

lanthseph Gl 4,100,22 *s.* lantscaf.

lanthuoba Gl 4,93,27 *s.* lantuobo.

lantkuning *st. m.* – *Graff IV,445.*

lant-chuninga: *nom. pl.* Np 2,2. 148,13. – *Formen ohne Nasal vor* -g (*vgl.* Braune, Ahd. Gr.[15] *§ 128 Anm. 2*): **lant-chunig-:** *nom. pl.* **-]a** Npw 2,2; **-]e** 148,15.

Herrscher über ein Gebiet, Land: tie lantchuninga uuaren gagenuuerte in passione domini ... unde *principes sacerdotum gesamenoton sih uuider truhtene astiterunt reges terrae . et principes convenerunt in unum* NpNpw 2,2. die lantchuninga unde alle uuerltliute . unde alle rihtara . chindesce man unde magede ... lobent sinen namen *reges terrae . et omnes populi . principes et omnes iudices terrae ... laudate nomen domini* 148,13 (= Npw 15; *zu einem möglicherweise vor dem zweiten* unde *fehlenden Wort wie* fursten *oder* (uuerlt)herren *vgl. K.-T. 10,537 Anm. z. St.*).

lantliut *st. m., mhd.* lantliut *st. n., nhd.* (*älter*) landleute *pl.; mnd.* lantlûde *pl., mnl.* lantliede, -lude *pl.; ae.* landléod; *vgl. an.* landslýðr. – *Graff II,195.*

lant-liut: *nom. sg.* O 1,9,3. 2,3,34; *gen. sg.* **-]es** 4,3,19. 22,15; *gen. pl.* **-]o** Gl 2,56,23 (*Eins. 302, 10. Jh.*). 4,315,35 (*Paris Lat. 13953, 10. Jh. ?*). O 1,10,3. 15,20. 2,7,68. 4,4,44. 26,5. Nb 26,23/24 [21,30/31]; *dat. pl.* **-]en** 83,13 [72,6]. – **lant-lude:** *gen. pl.* MLR 82,377 (*Cambridge Add. 2992, 13. Jh.*).

Mit Schwund des -t- (*vgl. Gröger § 126,2aα*): **lan-liuto:** *gen. pl.* Gl 2,56,23 (*Sg 845. Eins. 179, beide 10. Jh.*).

1) (*zinspflichtiger*) *Angehöriger der (angestammten) ländlichen Bevölkerung (im Gegensatz zum Städter):* lantliuto *provincialium* [*fortunas tum privatis rapinis tum publicis vectigalibus pessumdari ... indolui, Boeth., Cons. 1,4 p. 12,36*] Gl 2,56,23. 4,315,35. MLR 82,377, *z. gl. St.* nieht ein dero burgliuto . nube ouh ... tero lantliuto guot feroset uuerden . umbe frono zins ... . daz uuag mir Nb 26,23/24 [21,30/31]. gihort iz filu manag friunt joh aller ouh ther lantliut [*vgl. audierunt vicini et cognati, Marg. nach Luc. 1,58*] O 1,9,3. tisiu selba stat . tia du heizest ihseli . diu ist tien lantliuten heimote *hic ipse locus . quem tu exilium vocas . incolentibus patria est* Nb 83,13 [72,6].

2) *Volk* (*Israel*), *im Sing. u. Plur. als Kollektivum:* thu bist ... kuning ouh githiuto therero lantliuto [*vgl. tu es rex Israel, Joh. 1,49*] O 2,7,68. 4,4,44. riaf imo (*Pilatus*) al ingegini thes lantliutes menigi, quad, uuar in liob ..., man Barabban in liazi [*vgl. exclamavit ... universa turba, Luc. 23,18*] 22,15 (*zur Wiederaufnahme durch ein pluralisches Pron. vgl. Erdm., Syntax 2,34*); *ferner:* 1,10,3. 15,20. 2,3,34. 4,3,19. 26,5.

lantlûs Gl 3,453,48 *s.* uuantlûs.

lantman *st. m., mhd.* lantman, *nhd.* landmann; *mnd. mnl.* lantman; *ae.* landman; *an.* land(s)maðr (*vgl.* Fritzner 2,410). – *Graff II,740.*

lant-man: *nom. sg.* Gl 3,144,26 (*SH A, 6 Hss.*). 188,54 (*SH B*). 326,52 (*SH f*). 4,84,48 (*Sal. a1, 2 Hss.*). Hbr. I,305,527 (*SH A*); **lante-:** *dass.* Gl 3,188,54 (*SH B, Brix. Bll., 13. Jh.*). – **lant-mant:** *nom. sg.* Gl 4,84,49 (*Sal. a1, Wien 2276, 14. Jh.; zur Epithese von* -t *vgl.* Weinhold, Mhd. Gr. § 194, u. *ders.,* Bair. Gr. § 143).

Landsmann: lantman *patriota* Gl 3,144,26. 188,54. 326,52. Hbr. I,305,527. Gl 4,84,48 (*5 Hss.* gilanto).

lantmarka *st. f., mhd.* lantmarke, -marc, *nhd. (älter)* landmark; *mnd. mnl.* lantmarke; *ae.* landmearc; *vgl. an.* landamark *n. – Graff II,848.*

lant-marcha: *nom. sg.* Gl 1,149,15 (*R*).

begrenztes Gebiet, Stück Land: lantmarcha erdmarcha *funiculum territorium.*

lantmezseil *st. n. – Graff VI,188.*

lant-mez-seil: *nom. pl.* NpNpw 15,6.

Seil zur Landvermessung u. -zuteilung (vgl. Tiefenbach, Fluren *S. 320):* in zorften teilen sint mir geuallen diu lantmezseil *funes ceciderunt mihi in praeclaris (zum Textverständnis u. zum Vorgang vgl. auch* Np 77,54).

gi-**lanto** *sw. m. (zur Bildung vgl.* Braune, Ahd. Gr.[15] § 222 Anm. 2); *mnd. mnl.* gelande; *ae.* gelonda; *vgl. an.* landi. – *Graff II,238.*

gi-lant-: *nom. sg.* **-o** Gl 1,321,37. 344,22 (*beide S. Paul XXV d/82, 9./10. Jh.*). 4,84,47 (*Sal. a1, 2 Hss.*); **-e** ebda. (*Sal. a1, 2 Hss.*). – **gi-land-:** *nom. sg.* **-o** Gl 4,154,21 (*Sal. c, mus. Brit. Add. 18379, 13. Jh.*); **ge-:** *nom. pl.* **-an** 3,423,21/22; **-en** 22; *dat. pl.* **-un** S 305,19 = Rhein. Vjbll. 39,284,12 (-l- *u.* -n *auf Rasur*).

einer, der im gleichen Gebiet wohnt:

a) *Einheimischer:* gilanto [*qui comederit fermentatum, peribit anima eius de coetu Israel, tam de advenis quam de*] indigenis (*civibus vel inde natis*) [*terrae,* Ex. 12,19] Gl 1,321,37. gilanto [*nullumque opus facietis, sive*] indigena [, *sive advena qui peregrinatur inter vos,* Lev. 16,29] 344,22;

b) *aus dem gleichen Gebiet Stammender, Landsmann:* fratres de patre (*umgedeutet aus* patria) nati. aliquando gelandan. quos latini paternitates appellant Gl 3,423,21/22 (*vgl. porro cognatione fratres vocantur, qui sunt de una familia, id est patria; quas Latini paternitates interpretantur, cum ex una radice multa generis turba diffunditur,* Is., Et. VI,6,9). gilanto *patriota* 4,84,47 (*3 Hss.* lantman). 154,21. (*wer eine Schenkung machen will u. außerhalb der Grafschaft weilt ...*) samant neme himo athe uane sinen gelandun athe uane andern ... urcundun retliche *adhibeat sibi vel de suis* pagensibus *vel de aliis ... testes idoneos* S 305,19 = Rhein. Vjbll. 39,284,12.

Vgl. gelendo *aostndfrk.*

lantprida *s.* lamprîda.

lantreht *st. n., mhd.* lantreht, *nhd.* landrecht; *as.* landreht, *mnd. mnl.* lantrecht; *afries.* lond-, landriucht; *ae.* landriht; *an.* landsréttr. – *Graff II, 409.*

lant-reht: *nom. sg.* Gl 2,392,44. 613,38; *gen. sg.* **-es** 3,415,20 [HD 2,272]; *acc. sg.* **-** 1,418,40 (*M, 6 Hss.*); *dat. pl.* **-]en** Npgl 94,4; **-]in** 93,4; **-reth:** *acc. sg.* Gl 1,418,42 (*M, 2 Hss.*); **-rhet:** *dass.* Beitr. (Halle) 85,231,59 (*Vat. lat. 3860, 9./10. Jh.; -rh&*).

1) *das (in einem Gebiet) geltende Recht:* reht unti lantreht *ius bonum* [*-que apud eos non legibus magis quam natura valebat,* Sall., Cat. 9 p. 149,1] Gl 2,613,38. lantrehtes *humani iuris* [*vgl. sed de hoc profecto quicumque divini vel etiam humani iuris periciam habet minime miretur,* HD 2,272] 3,415,20 [HD 2,272]. lantrhet [*illa* (lingua) *et procaci pessima in nostros deos invecta motu*] fas (*Glosse:* legem) [*profanavit vetus,* Prud., P. Rom. (*X*) 894] Beitr. (Halle) 85,231,59.

2) *Gesetz, Erlaß:* lantreht [*o vestra inanis vanitas*] scitum (decretum) [*-que brutum Caesaris* [Prud., P. Vinc. (*V*) 66] Gl 2,392,44. sid unseriu (*d. i. der Sünder*) unreht misselichent *iudicibus .* legibus (*vgl. regibus,* Aug., En.) . imperatoribus . commentariensibus (dinchliuten lantrehtin cheisirin scultheizzon) . die uuir fliehen Npgl 93,4. terreni principes (die irdiscin fursten) die iu êr promulgatis legibus (mit zesazten lantrehten) christianum nomen uuolton tiligon . die sint nu selben christiani 94,4.

3) *Urteilsspruch:* arteili mir (ein) lantreht [*qui cum* (Nathan) *venisset ad eum* (David)*, dixit ei:*] responde mihi iudicium (*vgl.* Vercell. 2,368ª) [2. Reg. 12,1] Gl 1,418,40.

Abl. lantrehtâri.

lantrehtâri *st. m. (Nomen-agentis-Bildung zu* lantreht? *Vgl.* lantrihtâri), *mhd.* lantrehtære; *as.* landrehtari (*vgl.* Gallée, Vorstud. S. 469; *s. u.*), *mnd. mnl.* lantrechter(e). – *Graff II,415.*

lant-reht-ar: *nom. sg.* **-i** Gl 3,137,22 (*SH A*); **-e** 20 (*SH A*); **-ere:** *dass.* 185,1 (*SH B*). 256,14 (*SH a2, 2 Hss., 1 Hs.* -ˢe); **-ar:** *dass.* 137,22 (*SH A*). 4,178,24 (*Berl. Lat. fol. 735, 13. Jh.*); **-recht-ara:** *nom. pl.* Np 2,10 (*voc.*); **-ere:** *nom. sg.* Gl 4,277,2; **-ære:** *dass.* 3,137,23 (*SH A*). 4,277,14. 277 Anm. 3. – **lanth-rehtare:** *nom. sg.* Gl 3,137,20/21 (*SH A, 2 Hss., 1 Hs.* -th- *auf Rasur*).

Verschrieben: **lant-tehari:** *nom. sg.* Gl 3,137,23 (*SH A*).

einer, der das Landrecht vertritt, Urteilsfinder, Richter (vgl. dazu Hildebrandt, Festschr. Schmidt-Wiegand S. 246–262, bes. S. 254): lantrehtare *rachinburgius* Gl 3,137,20 (*1 Hs.* lantschrîbære, *vgl.* Hbr. I,287,253). 185,1 (*1 Hs.* lantrihtâri). 256,14. *iurisperitus* 4,178,24. lazent iuch leren lantrechtara *erudimini qui iudicatis terram* [*vgl. ipsi enim bene iudicant terram, quando repressis vitiis ... praecepta legis imponunt,* Cass.] Np 2,10 (Npw lantrihtâri); – *zur Namenübers. des biblischen Buches Ecclesiastes* (*vgl.* Bibellex. Sp. 1359): lantrechtere *Celech Hebraice Ecclesiastes Graece Concionator Latine* Gl 4,277,2 (*vgl.* Mlat. Wb. II,1744 f. *s. v.* contionator). Ecclesiastes Concionator 277 Anm. 3 (*in einer Predigt* De pascha *in ders. Hs. wie* Gl 4,277,14).

lantrihtâri *st. m. (Zweitglied als Nomen-agentis-Bildung zu* rihten? *Vgl.* lantrehtâri), *mhd.* lantrihtære, *nhd.* landrichter (*vgl.* DRWb. 8,565); *mnd.* lantrichter. – *Graff II,423.*

lant-riht-ari: *nom. pl.* Npw 2,10 (*voc.*); **-ere** *nom. sg.* Gl 3,185,1 (*SH B*).

Urteilsfinder, Richter in einem Land (vgl. dazu Hildebrandt, Festschr. Schmidt-Wiegand S. 246–262, bes. S. 254): lantrihtere *rachinburgius* Gl 3,185,1 (*1 Hs.* lantrehtâri). lazet iuuuih leren, lantrihtari *erudimini qui iudicatis terram* [*vgl. ipsi enim bene iudicant terram, quando repressis vitiis ... praecepta legis imponunt, Cass.*] Npw 2,10 (Np lantrehtâri).

lantsâza *sw. f.*

lant-saza: *nom. sg.* Gl 2,42,10 (*Trier 1464, 11. Jh.*).

auf dem Land ansässige Frau, Landbewohnerin: lantsaza *rustica* [*deflentem parvom iurgaverat (i. e. iuraverat) olim, ni taceat, rabido quod foret esca lupo, Avian 1,1*].

lantsâzo *sw. m., nhd.* (*älter*) landsasse; *mnd.* lantsâte, *mnl.* lantsate; *afries.* landsata; *vgl. mhd.* lantsæze, *frühnhd.* landsässe, *as.* landsêtio (*vgl. Gallée, Vorstud. S. 189*), *mnd.* lantsaete, *afries.* londseta, *ae.* landsǽta, *an.* landseti.

lant-sazo: *nom. sg.* Gl 2,609,3 (*Paris Lat. 10195, 11. Jh.*).

auf dem Land ansässiger Mann (*vgl.* lantsâza), *Einwohner:* lantsazo [*Catilina ... postulare a patribus coepit, ne ... existumarent, sibi, patricio homini, ... perdita re publica opus esse, cum eam servaret M. Tullius,*] *inquilinus* [(*civis*) *urbis Romae,* Sall., *Cat.* 31 *p. 176,15*].

lantschrîbære *mhd. st. m., nhd.* (*älter*) landschreiber; *mnd.* lantschrîver.

lant-scribere: *nom. sg.* Hbr. I,287,253 (*SH A, Erl. 396, 13. Jh.*).

Rechtsbediensteter, Landschreiber (? *Zur Bed. vgl. DRWb. 8,618 ff.,* Hildebrandt, *Festschr. Schmidt-Wiegand S. 246–262, bes. S. 255):* rachinburgius (*7 Hss.* lantrehtâri).

lantsêo *st. m. – Graff VI,57.*

lant-se: *acc. sg.* O 3,6,5.

Binnensee: fuar druhtin inti sine ubar einan lantse; thio buah iz (*das Land*) thar zellent joh Galilea iz nennent [*vgl. abiit Iesus trans mare Galilaeae, Joh. 6,1*].

lantsidiling *st. m., mhd.* lantsidelinc. – *Graff VI,311.*

lant-sideling: *nom. sg.* Np 104,23; *nom. pl.* -]a ebda.

einer, der (*angestammtes oder fremdes*) *Land bewohnt u. bebaut, Siedler:* do fuor sin fater dara . unde uuard dar lantsideling Iacob *accola fuit in terra Cham* [*vgl. melius autem interpretatum est 'accola fuit', quam, sicut alii codices habent, 'inhabitavit': quod tantumdem esset, si et incola diceretur; ... incolatus porro, vel accolatus, non indigenam, sed advenam ostendit, Aug., En.*] Np 104,23 (Npw lantsideli). die alten lantsidelinga die eigenes landes sint . die heizent *indigene* . die ... anderesuuannan chomene . die heizzent *alienigene* aduenę *accolę incolę* ebda.

lantsidil(l)o *sw. m., mhd.* lantsidele, -sedele, *frühnhd.* landsidel; *mnd.* lantsêdel; *vgl. ae.* landsetla. – *Graff IV,310.*

lant-sidil-: *nom. sg.* **-eo** Gl 1,40,4 (*Pa*); **-o** ebda. (*Ra*). 312,64. 2,425,3. 3,647,8; *nom. pl.* **-on** O 2,2,23 (land-Ausg. Kelle); **-sideli:** *dass.* Npw 104,23 (*zu* -i *vgl.* Weinhold, *Bair. Gr. § 347*); **-sidhilo:** *nom. sg.* Gl 1,40,4 (*K*). – **lant-sidill-:** *nom. sg.* **-o** Gl 1,338,5 (*clm 19410, 9. Jh.*); *nom. pl.* **-un** 510,28 (*Rb*).

Verschrieben: **lanᵗ-siᵢdolo:** *nom. sg.* Gl 4,3,57 (*vgl.* Krotz *S. 332,75;* Jc; *übergeschr.* -i- *wohl als Korr. des ersten* -o- *gedacht, vgl.* Krotz *z. St.;* lanᵗsidolo Steinm.).

einer, der (*angestammtes oder fremdes*) *Land bewohnt u. bebaut* (*u. einem Herrn unterstellt, zinspflichtig ist*), *Siedler* (*vgl.* Bergmann, *Bauer S. 106*):

lantsidileo der framade erda niuzzit *accola qui alienam terram colit* Gl 1,40,4 (*R* lantbigengo). lantsidilo [*fuit* (*Abraham*)] *colonus* [*terrae Palaestinorum diebus multis, Gen. 21,34*] 312,64. lantsidillo [*quod si quis peregrinorum in vestram voluerit transire coloniam, et facere Phase domini, circumcidetur prius omne masculinum eius ... eritque sicut*] *indigena* [*terrae, Ex. 12,48*] 338,5. lantsidillun edo innaburrun *inquilini* [*domus meae, et ancillae meae sicut alienum habuerunt me, et quasi peregrinus fui in oculis eorum, Job 19,15*] 510,28. lantsidilo [*exteri nec non et orbis huc*] *colonus* [*advenit,* Prud., *P. Calag.* (*I*) *10*] 2,425,3. lantsidilo *colonus* 3,647,8. lantsidilo *agricola* [*colonus cultor agri, CGL IV,480,37*] 4,3,57. do fuor sin fater dara unde uuart da lantsideli *Iacob accola fuit in terra Cham* Npw 104,23 (Np lantsideling); *in einem Bilde:* (Christus) quam ... in eigan joh in erbi, thaz lag al umbitherbi. Thie sine lantsidilon ... datun, so ih thir redinon: ni was, ther nan intfiangi [*vgl. sui eum non receperunt,* Marg. *nach Joh. 1,11*] O 2,2,23.

lantscaf, -scaft *st. f.* (*zur Bildung vgl.* Wilm., *Gr. 2² § 293 f.,* Meineke, *-scaf(t)-Bildungen S. 111 f.*), *mhd.* lantschaft, *nhd.* landschaft; *mnd.* lantschop (*auch n.*), *mnl.* lantscap; *an.* land(s)skapr *m.* (*vgl.* Fritzner *2,409. 410*); *vgl. as.* landskepi *st. n. – Graff II,234.*

lant-scaf: *nom. sg.* Gl 1,34,3 (*PaKRa; oder acc.*). 172,22 (*PaKRa*). 2,145,2 (*Frankf. 64, 9. Jh.*). T 13,12; *dat. sg.* **-]i** Gl 1,731,4 (*S. Paul XXVa/1, 8./9. Jh.*); *acc. sg.* **-]** I 32,2. T 13,2. 17,8. 49,6. 53,1. 97,1. 135,32. 151,1; **-scaff-:** *gen. sg.* **-i** Gl 1,165,39 (*R*); *dat. sg.* **-i** I 39,20; *dat. pl.* **-im** S 260,3 (*B*). 269,23 (*B*); *acc. pl.* **-i** S 197,14 (*B*). I 31,10 (*zum Plur. vgl.* Matzel, *Unters. S. 210 Anm. 287, s. u.*); **-schaf:** *nom. sg.* Gl 3,253,2 (*SH a2*). – **lant-skef-:** *gen. sg.* **-i** T 97,2 (-c-); *dat. sg.* **-i** 53,8. 97,2 (-c-). 135,33 (-c-); **-skeff-:** *dass.* **-i** Gl 3,12,31/32 (*C*). S 260,16 (*B;* -c-). T 6,1. 21,12; *dat. pl.* **-in** 13,1; **-scheffi:** *dat. sg.* 8,8.

lant-scaft: *nom. sg.* Gl 2,282,43 (*M*). 283,16 (*M*). 4,100,19 (*Sal. a1, 3 Hss.; s.* b). Meineke, *Ahd. S. 38,368* (*Sal. a1; s.* b). Np 106,2. Npw 49,8; **-shaft:** *dass.* Gl 4,100,21 (*Sal. a1; s.* b). 162,1 (*Sal. c; s.* b); **-shapht:** *dass.* 400,21 (*Sal. a1; clm 22201, 12. Jh.; s.* b); **-schaft:** *dass.* 3,253,2 (*SH a2*). 4,138,18 (*Sal. c*). Hbr. II,75,155/156 (*SH B; fehlt* Gl 3,207,19); **-schafft:** *dass.* Gl 4,100,20 (*Sal. a1; s.* b). – **lant-skeft-:** *dat. sg.* **-i** Npw 15,3; **-e** Np ebda. (-c-); *nom. pl.* **-a** Npw 49,8 (*zu* -a *vgl.* WSB *81,337,* Schatz, *Abair. Gr. § 109 f.*); *gen. pl.* **-o** Npgl 104,45 (-c-); *dat. pl.* **-en** Np 105,27 (-c-); *acc. pl.* **-e** Nc 735,14 [51,16]. NpNpw 104,44.

Verschrieben (?): **lanth-seph:** *nom. sg.* Gl 4,100,22 (*Sal. a1; Prag, mus. Bohem., 13. Jh.; zu* -s- *für* sc *vgl.* Paul, *Mhd. Gr. § 155; s.* b). – **lant-scatf:** *nom. sg.* Gl 3,207,19 (*SH B; l.* -scaft).

Landstrich, (*besiedelte*) *Gegend;* (*zinspflichtige*) *Provinz, Herrschaftsbereich:*

a) *allgem.:* hirte uuarun in lantscafi dera selbun *pastores* [*er*]*ant in regione eadem* [*Luc. 2,8*] Gl 1,731,4, *z. gl. St.* T 6,1. fona uueliheru lantskeffi *de quale patria* Gl 3,12,31/32. lantsca*ft provincia* 207,19. 253,2. Hbr. II,75,155/156 (*zwischen* heimote *u.* riche, isula vel werit). fiorda ... chunni ist *municho* ... die ... duruh missilihho lantscaffi ... sint kecastluamit *qui ... per diversas provincias ... hospitantur* S 197,14. .. in chaltem lantscaffim mer ist kidurufttigot in vvaramem .. min *quia in frigidis regionibus amplius indigitur in calidis vero minus* 260,3. dhuo ir (*Auses*) ... dhea lantscaffi dhes im chiheizssenin arbes chideilida *terram promissae hereditatis distribuit* I 31,10 (*zur Wiedergabe des lat. Lemmas vgl. Matzel, Unters. S. 210 Anm. 287*). liumunt uzgieng thurah alle thie lantscaf fon imo *fama exiit per universam regionem de illo* T 17,8. (diuuala) batun in thaz her sie ni tribi uzan thero lantskefi *rogabant eum ne expelleret eos extra regionem* 53,8. zuoclebeta einemo thero burgliuto thero lantscefi *adhaesit uni civium regionis illius* 97,2. do gab er in lantskefte dieto *dedit illis regiones gentium* NpNpw 104,44. do huob er sina hant uber sie . daz er ... sie zeuuurfe after lantsceften *ut ... dispergeret eos in regionibus* Np 105,27 (Npw lante). uuanda mit tiu summum bonum geuuunnen uuirt . nals mit possessione regionum (pisezze lantscefto) Npgl 104,45 (Npw dero lanto). iu uuas sito so die lantskefta uurten, daz man sie zins hiez geben Npw 49,8 (Np *regiones provinciae*, Npgl die gebiureda purglos); *bildl.*: nu biren uuir trohtines lantscaft, daz chuit sin phlihtlant ebda. (Np *provincia*); *als übergeordnete politisch-geographische Gebietsbez.:* prouincia (. *s.* sicut Alemannia) ist diu lantscaft . regio (. *s.* sicut Tiuregouue) ist diu gebiurda . manige regiones mugen sin in einero prouincia Np 106,2; – *ferner:* S 260,16. 269,23 (*beide provincia*). T 8,8. 49,6. 97,1. 2. 135,32. 33. 151,1 (*alle regio*); – *in Übertragung auf die Bewohner:* tho gieng zi imo Hierusolima inti al Iudęa inti al thiu lantscaf umbi Iordanem inti vvurdun gitoufte *omnis regio circa Iordanem* T 13,12;

b) *zur Erläuterung eines Landschafts-, Ländernamens:* lantscaf Chrechi *Asiani (i. e. Asiam, so K) Graeci* Gl 1,34,3. lantscaffi namo *Gaetulia* 165,39 (*PaKRa gikunni*). lantscaf *Hisperia* 172,22. lantscaf [*propter insurgentes haereses fides catholica exposita est apud Nicaeam*] *Bithiniae* [*Conc. Nic. Praef.*] 2,145,2. lantscaft [*piscatores vero, ut fertur,*] *Gaetulia* (*übergeschr.: nomen patriae*) [*non habet, Greg., Hom. I,10 p. 1469*] 282,43. lantschaft *Corinthus* 4,138,18; – *hierher wohl auch, als Umdeutung aus* lantsuht (*s. dort*) *zu* synochus, *das wohl als Landschaftsname mißverstanden wurde* (*vgl. Meineke, -scaf(t)-Bildungen S. 57, Riecke, Med. Fachspr. 2,380*): lantscaft *synochus* Gl 4,100,19. 162,1. Meineke, Ahd. S. 38,368;

c) *mit näherer Best. durch einen Eigennamen* (*Städte-, Fluß-, Einwohnernamen*): ir uuas chiuuisso fona Betlemes lantscaffi fona Dauides chunne *fuit enim de patria Bethleem de domo David* I 39,20. in lantskeffin Iturę et Trachonitidis *Iturae et Trachonitidis regionis* T 13,1; *ferner:* 13,2. 53,1 (*beide regio*);

d) *im christl. Sinne, meist mit näheren Best.* (*durch Adj., Gen.-Attrib.*):

α) *für das Reich Gottes, Himmelreich:* lantscaft [*quia ergo et post baptisma inquinavimus vitam, baptizemus lacrymis conscientiam, quatenus*] *regionem* (*Hs. regio*) [*nostram per viam aliam repetentes, Greg., Hom. I,10 p. 1471*] Gl 2,283,16. dien heiligon die in sinero lantscefte sint . daz chit . dero gedingi in *terra uiuentium* (in erdo dero lebenden) ist *sanctis qui sunt in terra eius mirificavit omnes voluntates meas* NpNpw 15,3; – giheizan lantscaf *das verheißene Land Kanaan als Sinnbild für das Reich Gottes, Paradies* (*vgl. auch* lant giheizes, giheizlant): der unsih dhurahleidit in dhea chiheizssenun lantscaf dhar honec endi miluh springant *qui nos ... perduceret ad terram repromissionis melle et lacte edentem* I 32,2;

β) *für die irdische, vergängliche Welt:* sizzanten in lantskeffi todes scuuuen lioht gieng in uf *sedentibus in regione et in umbra mortis lux orta est* T 21,12;

e) *in antiker Vorstellung: eine* (*Himmels-*)*Region* (*vgl. dazu Glauch, Mart. Capella S. 477*): uuanda aller der himel uuirt keteilet in sehzen lantskefte *nam in sedecim discerni dicitur caelum omne regiones* Nc 735,14 [51,16].

[BULITTA]

lantscûvala (*st. sw.?*) *f.*

lant-scuuala: *nom. sg.* Gl 4,337,1 (*mus. Brit. Add. 19723, 10. Jh.*).

Worfschaufel, in einer Glied-für-Glied-Übers. (*vgl. dazu Ertmer, Juv. S. 104ff.*): lantscuuala [*abluet ille hominis sancto spiramine mentem ... Illius et manibus*] *ruralis pala* [*tenetur et propria ipsius purgabitur area frugum, Juv. 1,342*].

? lantsuht *st. f.* (*eigenständige Bildung oder auch Umdeutung aus* [h]lancsuht (?), *s. dort*), *mhd.* lantsucht, *frühnhd.* landsucht. – *Graff VI,141*.

lant-suht: *nom. sg.* Gl 3,259,37 (*SH a2*). 327,34 (*SH f*). 475,1. Beitr. 52,159 (*clm 14253, 10. Jh.; oder acc. sg.?*); **-svcht:** *dass.* Gl 4,172,33 (*Sal. d*).

lanthseph Gl 4,100,22 *s.* lantscaf, -scaft.

Bez. für eine (*fieberhafte*) *Krankheit, auch für Gelenkrheumatismus?* (*vgl. Höfler, Krankheitsn. S. 710. 144. 761. 897, Riecke, Med. Fachspr. 2,380*): lantsuht *synochus* Gl 3,259,37 (*1 Hs.* [h]lancsuht). *regius morbus* 327,34. *lethargia* 475,1 (*vgl. litargicus depressio somni et gravis oblivio cum febre periculosa, CGL III,602,27*). *seneca* 4,172,33 (*zum lat. Lemma vgl. senoca ... infirmitas cotidiana, quam corrupte senecam vocant, CGL VII,327 s. v. synochus*). lantsuht ł febris [*qui*] *phrenesin* [*patiuntur et videntur sibi multas imagines videre, Clementis recognitiones 2,64*] Beitr. 52,159.

Vgl. [h]lancsuht.

lantuobo *sw. m.; as.* landōvo (*s. u.*). – *Graff I,71*.

lant-upo: *nom. sg.* Gl 1,614,36 (*M, 2 Hss., 1 Hs.* -v-, *1* -:̣-). – **lant-uouen:** *dat. pl.* Gl 2,710,45 (*zur Endg. vgl. Franck, Afrk. Gr.² § 149*).

land-òuo: *nom. sg.* Gl 2,588,1 = Wa 102,3/4 (*Düsseld. F. 1, 9. oder 10. Jh.* (?); lant- *Steinm.*).

Mit prothetischem h- (*vgl. Garke S. 109*), *oder vielleicht unter Einfluß von* huoba *'Hufe' oder mit* -th *für* t (? *Vgl. Schatz, Ahd. Gr. § 248*): **lant-huob-:** *nom. sg.* **-a** Gl 4,93,27 (*Sal. a1, 3 Hss., 1 Hs.* -û-); **-]** 29 (*Sal. a1;* -û-); **-huba:** *dass.* 28 (*Sal. a1, 2 Hss.*); -a *vielleicht wegen* -a *des lat. Lemmas, s. u.*

Verschrieben: **laut-hûbe:** *nom. sg.* Gl 4,93,29 (*Sal. a1, 14. Jh.*); *mit Rasur der Endg.:* **lant-heb::** *nom. sg.* 158,42 (*vgl. Beitr. 73,220; Sal. c, mus. Brit. Add. 18379, 13. Jh.;* lantheb':, *vgl. Steinm., dann wäre von* -uobâri *auszugehen*); *zu* -h- *s. o.*

einer, der (*fremdes oder angestammtes*) *Land bewohnt u. bebaut, Siedler* (*vgl. Bergmann, Bauer S. 104ff.*): lantvpo [*in Aegyptum descendit populus meus ..., ut*] *colonus* [*esset ibi, Is. 52,4*] Gl 1,614,36. lantuouen [*ipse ferebatur ... Latinus Laurentis ... ab ea* (*sc. dem heiligen Lorbeer*) *nomen posuisse*] *colonis* [*Verg., A. VII,63*] 2,710,45. lanthuoba *ruricola* 4,93,27. 158,42; *Bewohner:* uuola thu filu lango saligo landòuo *o ter quaterque et septies beatus urbis* (*sc. Romae*) *incola*

(*Glosse: Romani cives*) [*Prud., P. Laur. (II) 530*] 2,588,1 = Wa 102,3/4.

lan╪upo Gl 1,614,36 s. lantuobo.

lantuualto *sw. m. – Graff I,813.*

lant-walton: *nom. pl.* O 1,27,9.

Macht-, Befehlshaber: tho santun ... thie richun lantwalton, selbun ouh thie furiston joh thie wisoston ... irfragen, wer er (*Johannes*) wari [*vgl. miserunt Iudaei ... sacerdotes et levitas ad eum, Joh. 1,19*].

lantuuîsa *sw. f., mhd.* lantwîse *st. f., nhd. (älter)* landweise; *as.* landwîsa, *mnd.* lantwîse. – *Graff I,1076.*

lant-uuîsûn: *acc. sg.* Nc 820,14 [139,10].

Landessitte: Tages ... lerta ... sar dia lantuuisun . stifta ouh Sipnum *Tages ... statim gentis ritum . i. legem religionis . Sipnumque monstravit* [*vgl. hic etiam ... ritum .i. usum et leges serendi invenit, Rem.*].

lantvpo Gl 1,614,36 s. lantuobo.

lanz: Gl 4,164,56 s. lan(ge)zo.

lanzigim Gl 4,172,59 s. lenzîg.

[h]lâo *adj., mhd.* lâ, læwe, *nhd.* lau; *mnd.* la(u)w, *mnl.* laeu; *an.* hlær. – *Graff II,294.*

lauu-: *nom. sg. m.* **-er** Gl 2,196,11 (*vgl.* Gl 5,102,31; M, 4 Hss., davon 2 -vu-, 1 Hs. -uv-); *nom. sg. n.* **-az** 216,36 (-w-). 233,4 (Rc); **-iz** 205,51 (S. Paul XXV d/82, 9./10. Jh.); *dat. sg. m. n.* **-imo** 153,61; *dat. sg. f.* **-ero** 684,66 (-w-); **lavun:** *acc. pl. m.* 632,54.

leuue: *nom. sg. n.?* Gl 3,510,13 (Mülinensche Rolle, 11./12.; *oder Grdf. mit* -uu- *aus den obliquen Kasus? Zu* -e- *vgl.* DWb. VI,285).

Verschrieben: **liuimo:** *dat. sg. m. n.* Gl 2,503,35 (*l.* lauuimo, Steinm.).

Fraglich, als verschr. aber wohl hierher: **sleuuę** Gl 4,101,21 (*Sal. a1, clm 17152, 12. Jh.*); s- *nach Steinm. wohl zu vorhergehendem lat. recenti gehörig (s. u.); doch vgl. die evtl. umdeutende Glossierung* slewer *tepidus* Gl 4,162,40 (*Sal. c*) *zu* slêo *adj., so auch Ahd. Gl.-Wb. S. 558.*

lau(warm), warm:

a) *eigentl.:*

α) *von Flüssigkeiten:* lauuiz uuazzer [*quia et plerumque aegros, quos fortis pigmentorum potio curare non valuit, ad salutem pristinam*] *tepens aqua* [*revocavit, Greg., Cura 3,13 p. 53*] Gl 2,205,51. 216,36, z. gl. St. lauuaz 233,4. lawero fuhti [*unde cavae*] *tepido* [*sudant*] *umore* [*lacunae, Verg., G. I,117*] 684,66. tepidi lactis recentis leuuę 4,101,21;

β) *vom Eingeweide eines Opfertieres:* pahvueidun preiten lavun intuoma *lancibus* [*et*] *pandis fumantia* [*reddimus*] *exta* [*Verg., G. II,194*] Gl 2,632,54 (*in interpretierender Übers.*);

γ) *vom Schafstall:* lauimo [*pastor ... lupisque ... exclusis ... purgatam (ovem) revehens*] *aprico* (*sereno; Glossen: aestivo, calido, sereno*) [*reddit ovili, Prud., H. p. ieiun. (VIII) 39*] Gl 2,503,35;

δ) *Glossenwort:* leuue *tepidum* Gl 3,510,13 (*in einem Heilmittelglossar*);

b) *übertr.: halbherzig, lasch:* lauuimo [(*amor pecuniarum) nec aliunde in monacho sumens principium, quam de ... erga deum*] *tepido* (*gelido*) [*amore fundato, Cassian, Inst. VII,1 p. 292*] Gl 2,153,61. lauver [*quia*

tepidus [*es, et nec frigidus nec calidus, incipiam te evomere ex ore meo, Greg., Cura 3,34 p. 94 = Apoc. 3,16*] 196,11.

Abl. [h]lâuuî; [h]lâuuên.

[h]lâobrecko *vgl. jetzt* loubrecko.

lap *aostndfrk. st. m.,* ? **lappo**[1] *as. sw. m.* (*zum Ansatz vgl.* Wadst., Glossar S. 203, Holthausen, As. Wb. S. 45, Ahd. Gl.-Wb. S. 361; *anders* Gallée, Vorstud. S. 190, *der ein Fem. ansetzt*), *mnd.* lappe, *mnl.* lap(pe); *mhd.* lappe, *nhd. dial. rhein.* lap Rhein. Wb. 5,118, *nhd.* lappen; *afries.* lappa; *vgl. ae.* læppa; *an.* leppr.

lap: *acc. sg.* Gl L 748.

lappon: *dat. pl.* Gl 4,291,28 = Wa 51,21 (*Ess. Ev., 10. Jh.*).

(*Gewand-)Zipfel:* preceperat eis Moyses ut in IIII angulis lappon palliorum iacinctinas fimbrias suspenderent [*Randgl. zu:* (*scribae et Pharisaei) dilatant enim phylacteria sua, et*] *magnificant fimbrias* [*Matth. 23,5*] Gl 4,291,28 = Wa 51,21 (*vgl.* Gallée, Sprachdenkm. S. 38). lap [*quod descendit in*] *oram* [*vestimenti eius, Ps. 132,2*] Gl L 748.

Komp. brustlappo.

Vgl. lappa.

lāpb Gl 3,76,24 s. lamb.

lappa (*sw.?) f., mhd.* lappe. – *Graff II,38.*

lappa: *nom. sg.* (?) Gl 4,311,7 (*clm 14747, 9. Jh.; oder dat. sg.?*).

(*Gewand-)Zipfel:* lappa [*wohl zu: et illa* (*die Frau des Potiphar*), *apprehensa*] *lacinia* [*vestimenti eius, diceret: Dormi mecum, Gen. 39,12*] (*zur Kontextzuordnung vgl. Anm. 8*).

Komp. brust-, ôrlappa, leverinlappa *as.*

Vgl. ?lappo[1] *as.*

? **lappo**[1] *as. s.* lap *aostndfrk.*

? **lappo**[2] (*oder* labbo?) *sw. m.; vgl. nhd. dial. rhein.* lappen Rhein. Wb. 5,123,34 f. – *Graff II,38.*

Erst ab 12. Jh. belegt.

lappo: *nom. sg.* Gl 3,164,28 (SH A, 6 Hss.). 217,29 (SH B). Hbr. I,363,277 (SH A, Erl. 396, 13. Jh.; *zu möglichem* -pp- *für* -bb- *im Fränkischen vgl.* Braune, Ahd. Gr.[15] § 135 Anm. 1).

Ruderblatt: palmula extrema latitudo remi lappo, a palma dicta, qua mare impellitur [*Hbr. I,362,276*] Gl 3,164,28. Hbr. I,363,277. lappo *palmula extrema latitudo remi* [*Hbr. II,97,262*] Gl 3,217,29.

Vgl. laffa.

lapun Gl 4,97,42 s. saban.

ir-lâren *sw. v., mhd.* erlæren, *frühnhd.* erleeren (*vgl.* DWb. III,897); *as.* alârian. – *Graff II,243.*

ir-laren: *inf.* O 5,9,32.

Verschrieben: **r-larth:** *part. prt.* Gl 2,613,37 (*clm 14515, 11./12. Jh.; l.* irlarit, Steinm.).

1) *jmdn. von etw. befreien, mit Akk. d. Pers. u. Gen. d. Sache:* wir wantun thes giwisso ..., er unsih scolti irlaren thes managfalten wewen [*vgl. quia ipse esset redempturus Israel, Luc. 24,21*] O 5,9,32.

2) *im Part. Praet.: ohne Gepäck, erleichtert:* irlarth [*legionem ... et quam plurumos potest Numidas*

equites ...] expeditos [educit, Sall., Iug. 68 p. 310,4] Gl 2,613,37.

? larvære *mhd. st. m.*

larvare: *nom. sg.?* Gl 4,154,40 *(Sal. c; mus. Brit. Add. 18379,13. Jh.).*

Verführer (?): larvare *pellex pellicio* Gl 4,154,40 *(vgl. Beitr. 73,219 u. Anm. 3: „vorhergehen u. a. Pellex. a verbo pellitio ... Pelex dicitur a peliciendo ... Pelex dolosus fallax. dicitur a pelle .i. vultu"; zwischen* kebsa *pelex u.* kebisôd *pellicatus); Zuordnung zum lat. Lemma unsicher; oder ist an lat.* larvare *'behexen, bezaubern' als lat. Glossierung einer Verbform* pellicio *zu denken?*

lâri *adj., mhd.* lær(e), *nhd.* leer; *as.* lâri, *mnd.* lêre, *mnl.* laer; *ae.* lǽr. *– Graff II,243.*

lar- (Np -â-): *Grdf.* **-e** NpNpw 7,5 (= Npw 4); *acc. sg. f.* **-a** 106,9; *acc. pl. m.* **-e** Np Cant. Mariae 53; **-i** Npw ebda.; **leara:** *acc. sg. f.* Np 36,19 *(zu* -ea- *für umgelautetes* a *vgl. Schatz, Ahd. Gr. § 65).*

leer, ledig (von etw., mit Gen.):

a) *der fehlende Inhalt ist etw. Konkretes:* cuotes kesatota er hungerge . die richen liez er lare *esurientes replevit bonis . et divites dimisit inanes* NpNpw Cant. Mariae 53;

b) *der fehlende Inhalt ist etw. Abstraktes:* fone diu iehent truhtene . ir sina genada ... iehent menniscon chinden . daz er lara sela unde hungerga . kuotes kesateta *quia satiavit animam inanem . et animam esurientem satiavit bonis* NpNpw 106,9. die hie leara conscientiam habent . die habent hunger . uuanda sie trost nehabent in in selben. Die aber reht uuizzin in in selben . die fuorot daz Np 36,19 (Npw iteli); *mit Gen.:* so uuirdo ih mit rehte eruellet fone minen fienden . lare dero guoti *decidam merito ab inimicis meis inanis* NpNpw 7,5 (= Npw 4).

Abl. -lâren.

gi-lâri *st. n., nhd. dial. bad* gelär *Ochs 2,347, oberhess.* gelerr, gelärr *Crecelius 1,408. – Graff II,243.*

gi-lari: *nom. sg.* O 4,15,7. 5,23,2; *acc. sg.* 4,9,10.

Wohnung, Gemach: uns duat ein man gilari, lihit sinan solari O 4,9,10. mines fater hus ist breit ...; Thar ist ... managfalt gilari *[vgl. in domo patris mei mansiones multae sunt, Marg. nach Joh. 14,2]* 15,7; *ferner:* 5,23,2.

Komp. altgilâri.

las, lasche *s.* lahs.

lasdrodin Gl 2,22,30 *s.* last(a)rôn.

lashe, last Gl 3,455,9. 2,620,20 *s.* lahs.

[h]last *st. f., mhd.* last *m. (md. auch f.), nhd.* last; *mnd.* last *f. (seltener m. n.), mnl.* last *m., f. n.; afries.* hlest; *ae.* hlæst *n.; an.* hlass *n. – Graff IV,1114.*

last: *nom. sg.* O 5,13,21; *acc. sg.* 14,22. 23,104. – **lesti:** *dat. sg.* T 141,25.

Last, Bürde:

a) *eigentl.:* thaz nezzi drof thoh ni brast, thoh iro *(der Fische)* wari sulih last O 5,13,21; *ferner:* 14,22;

b) *übertr.:* ir *(die Gelehrten)* ladet man mit lesti thia sie fortragan ni mugun *oneratis homines oneribus quae portari non possunt* T 141,25. ilemes io hinana ... in thiz dal zaharo ... in thesses weinonnes last, thes uns furdir ni brast O 5,23,104.

lastar *st. n., mhd. nhd.* laster; *as.* lastar, *mnd.* laster, lachter *n. m., mnl.* laster, lachter *m.; afries.* laster; *ae.* leahter; *vgl. an.* löstr *m.,* last. *– Graff II,98.*

last-ar: *nom. sg.* Gl 1,284,31 *(Jb-Rd).* 544,13 *(Würzb. Mp. th. f. 3, 9. Jh.).* 2,771,49. 4,5,61 *(Jc; oder acc., vgl. Krotz S. 375).* O 4,30,23; *acc. sg.* Gl 1,560,23 *(Rb).* 718,33. 2,20,68. F 4,13. T 2,2. 68,4. 108,1; *acc. pl.* Gl 2,436,17. 4,299,59 = Wa 57,28 *(Ess. Ev., 10. Jh.);* **-er:** *nom. sg.* 1,483,40 *(M, 7 Hss., 2* -ī). 700,65 *(M).* 2,113,1 *(M, 5 Hss., 3* -ī). 3,225,53 *(SH a2;* -tˢ). 264,10 *(SH b, 2 Hss., 1 Hs.* -tˢ). 4,41,3 *(Sal. a1).* 133,23 *(Sal. c); gen. sg.* **-]is** Pw 68,21; **-]s** Gl 2,523,50; *dat. sg.* **-]e** S 145,12; *acc. sg.* **-]** Gl 1,498,5 *(M, 4 Hss., 1 Hs.* -ī). 515,26 *(M, 10 Hss., 1 Hs.* -ī). 693,42 *(M;* -ī). 718,33. 750,21 *(M;* -ī). 772,30. 2,19,47. 4,274,38 *(M).* 292,48 = Wa 52,27 *(Ess. Ev., 10. Jh.).* 5,16,69 *(Augsb., Arch. 6, Gll. 10. Jh.).* Pw 68,20; *acc. pl.* **-]** Gl 2,19,48; **-ir:** *nom. sg.* 1,483,41 *(M).* Npgl 87,1; *dat. sg.* **-]i** Gl 2,109,62 *(M, 12. Jh.; zu* -i *vgl. Braune, Ahd. Gr.* [15] *§ 193 Anm. 1); acc. sg.* **-]** 1,498,6 *(M, 2 Hss.).* 515,28 *(M, 3 Hss.); acc. pl.* **-]** Npw 118 R,134.

lahstˢ: *nom. sg.* Gl 3,225,53 *(SH a2, clm 2612, 12. Jh.; zu* -hst- *vgl. Bergmann, Mfrk. Glossen S. 189f.).*

Hierher als Verschreibung (?): **lasteri:** *acc. sg.?* Mayer, Glossen S. 30,17 *(Fulda Aa 17, 10. Jh.;* -i *unsicher, Mayer;* i *für* idem?).

lasterⁿfr Mayer, Glossen S. 24,12 *(vgl. Amsterd. Beitr. 11,4) s.* last(a)rôn.

1) *Lästerung, Schmähung, Beschimpfung; Schimpf, Schmach, Schande:* lastar *[gloriam sapientes possidebunt: stultorum exaltatio,] ignominia [Prov. 3,35]* Gl 1,544,13. ah lasters *[quae vincula tandem –] proh pudor [– armigeris amor est perferre lacertis, Prud., Psych. 353]* 2,523,50. ih habe gisundot ... in unredilichi, in lastere, in gibage, in honchose S 145,12. thu uuest laster minin *tu scis inproperium meum* Pw 68,20; *ferner:* 21 *(inproperium);* – *bezogen auf Gott, Christus:* lastar *[ecce nunc audistis] blasphemiam [Matth. 26,65]* Gl 1,718,33. 4,292,48 = Wa 52,27. 5,16,69. lastar *[et alia multa] blasphemantes [dicebant in eum, Luc. 22,65]* 4,299,59 = Wa 57,28. ingegin imo *(Christus am Kreuz)* was thar filu manag lastar O 4,30,23; *hierher wohl auch:* laster *blasphemia* Gl 3,225,53. 4,41,3.

2) *Vorwurf, Anklage, Beschuldigung, Schuldigsprechung; Vergehen, Schuld:* laster *[omnia, quae locuta es, vera sunt, et non est in sermonibus tuis ulla] reprehensio [Judith 8,28]* Gl 1,483,40. laster zihent *[cogor per singulos scripturae divinae libros adversariorum respondere maledictis, qui interpretationem meam,] reprehensionem [septuaginta interpretum] criminantur [Job, Praef.]* 498,5. laster *(5 Hss. noch* ł *sceltun, 3 noch* ł *sceltat, 1 Hs. noch* ł *sceltvvort) [quoniam audivi] vituperationem [multorum, Ps. 30,14]* 515,26 *(1 Hs. nur* skelta). 4,274,38. uitupera .. sleltug. lasteri *[zu ebda.?]* Mayer, Glossen S. 30,17. laster *[Menelaum quidem universae malitiae reum] criminibus [absolvit, 2. Macc. 4,47]* Gl 1,700,65 *(5 Hss.* inziht). laster *[quem (sc. Paulus) inveni accusari de quaestionibus legis ipsorum, nihil vero dignum morte aut vinculis habentem] criminis (Hs.* crimen, *so auch La. bei Sab. 3,579ᵇ) [Acta 23,29]* 750,21 *(5 Hss.* sculd). laster *[alter subsequitur strofosam ferre] querelam [Aldh., De virg. 931]* 2,19,47. laster *[tertius ast testis profert e pectore] questus [ebda. 935]* 48. lastar *[tum bino spadone fuit comitata virago, suspicio ut nullam posset generare] querelam [ebda.*

1909] 20,68. mit lastiri [*si autem seditiones commovent ibidem constitutis episcopis, presbyterii quoque honor talibus auferatur, fiantque*] *damnatione* [*notabiles, Conc. Anc. XXXVII p. 121*] 109,62. daz meista laster (*1 Hs.* noch ist) [*quod non oporteat sacris officiis deditos ... lavacra cum mulieribus celebrare, quia haec apud gentes*] *reprehensio prima* [*est, Conc. Laod. CXXXIII p. 131*] 113,1. irrituoma dia zislizzida. lastar [(*Hippolyt:*) *fugite, o miseri, execranda Novati*] *schismata* [*, catholicis reddite vos populis, Prud., P. Hipp. (XI) 30*] 436,17 (*1 Hs.* nur irrituom). lastar [*nec poena sequestrat, quos par*] *culpa* [*ligat, qui maiestatis honori vulnus ab ore parant, Ar. I,448*] 771,49. zi hiu gihoriu ih sulih lastar fon thir? *quid hoc audio de te?* T 108,1. sie sint Israhelitę in quibus dolus non est (gotes anascouuin an dien lastir neist) Npgl 87,1. tuo daz ih nieht nifurhte dei lastir, so uuirdo ih durh die gidult gihalten Npw 118 R,134 (Np *criminationes*); – *in den Verbindungen* ânu lastar, ûzan lastar *untadelig, tadellos; schuldlos*: ana lastar [*properans enim homo*] *sine querela* [*deprecari pro populis, Sap. 18,21*] Gl 1,560,23. ana laster [*ut sitis*] *sine querela* [*, et simplices filii dei, sine reprehensione in medio nationis pravae, Phil. 2,15*] 772,30. daz dem uuehhatagum dea ęuuarta in demo temple bismizant restitac enti sint doh anu lastar *et sine crimine sunt* F 4,13, z. gl. *St.* uzan lastar T 68,4. gangenti in allem bibotun inti in gotes rehtfestin uzzan lastar *incedentes in omnibus mandatis et iustificationibus domini sine querela* 2,2.

3) *Makel, Fehler:* fleccho inti lastar [*quod si de pecoribus oblatio est, de ovibus sive de capris holocaustum, masculum absque*] *macula* [*offeret, Lev. 1,10*] Gl 1,284,31. laster [*moriamur in virtute ... et non inferamus*] *crimen* [*gloriae nostrae, 1. Macc. 9,10*] 693,42 (*7 Hss.* hônida).

4) *Glossenwort:* laster *vicium crimen* [*Hbr. II,546,65*] Gl 3,264,10. lastar *crimen* 4,5,61 (*zur Bibelgl. vgl. Krotz S. 375,162*). *dedecus* 52,36. *blasphemia detractio* 133,23 (*vgl.* Beitr. 73,210).

Abl. lastarbâri, -lîh, -last(a)ri; last(a)rôn; *vgl.* last(a)râri.

[Woitkowitz]

last(a)râri *st. m., mhd.* lasterære (*vgl. Lexer, Hwb. 3, Nachträge Sp. 293*), lesterer, *nhd.* lästerer; *mnd.* lasterer, lesterer, *mnl.* lachterare. – *Graff II,99.*

lasterar-: *acc. pl.* -a Np 38,2; -i Npw ebda.
lastrari: *nom. sg.* Gl 1,99,31 (*R*).

Verleumder: lastrari *criminator* Gl 1,99,31. der habet manige misseuuendara. unde manige lasterara [*vgl. consuetudo est humanitatis, ut cum se aliquis laudabili conversatione tractaverit, calumniantium insidiis protinus appetatur, Cass.*] NpNpw 38,2.

lastarbâri *adj., mhd.* lasterbære, *frühnhd.* lasterbar, lasterbäre. – *Graff II,98.*

last-ar-parero: *dat. sg. f.* Gl 2,132,75 (*M, 3 Hss.*); **-erparr-:** *nom. sg. m.* -er 193,51 (*M, 2 Hss.,* -î-); *dat. sg. m.* -emo 132,76 (*M;* -î-); **-par-:** *nom. sg. m.* -er 193,51/52 (*M, 2 Hss.,* -î-); *comp. acc. pl. m.* -iȓ 194,32 (*M, 3 Hss.*, 2 -î-).

verdammenswert, verurteilungswürdig: lastarparero [*siquidem cunctis in vicinia positis episcopis, ne se schismatico adiungerent, frequentissime contradixit, sed obstinatione*] *damnabili* [*totum, quod erat inlicitum ... non erubuit solus ille committere, Decr. Hil. Praef. p. 252ᵃ*] Gl 2,132,75. lasterparrer [*quia iam*] *damnabilis* [*vita relinquitur, sed adhuc celsitudo coniugalis continentiae subtiliter non tenetur, Greg., Cura 3,27 p. 80*] 193,51. lasterparira [*saepe enim nonnulli ad dominum post carnis peccata redeuntes, tanto se ardentius in bonis operibus exhibent, quanto*] *damnabiliores* [*se de malis vident, ebda. 28 p. 83*] 194,32.

Abl. -lastarbârîg; lastarbâro; lastarbârî; *vgl.* unlastarbâri.

lastarbârî *st. f.* – *Graff II,99.*

lastar-pari: *dat. sg.* Gl 1,515,33 (*M, clm 18140, 11. Jh., clm 19440, 10./11. Jh.*).

Verhöhnung: in sitalosi ł lastarpari [(*labia dolosa*) *loquuntur adversus iustum iniquitatem, in superbia, et*] *in abusione* [*Ps. 30,19*] (*4 Hss.* nur in situlôsî, *2* unsitulîhhî, *1 Hs.* irbunnunga).

-lastarbârîg *vgl.* unlastarbârîg.

lastarbâro *adv.*

laster-baro: Mayer, Glossen S. 5,30 (*Augsb. K 4,10. Jh.*).

verdammenswert: lasterbaro [*solerter ergo se quisque metiatur ne locum regiminis assumere audeat, si adhuc in se vitium*] *damnabiliter* [*regnat, Greg., Cura 1,11, PL 77,23D*].

-last(a)ri *vgl.* un-, urlast(a)ri.

lastarlîh *adj., mhd.* laster-, lesterlich, *nhd.* lästerlich; *mnd.* lester-, lasterlīk, *mnl.* laster-, lesterlijk, lachterlijc; *ae.* leahterlic (*vgl. Bosw.-T., Suppl. S. 609*). – *Graff II,98.*

lastar-lihher: *nom. sg. m.* S 230,31 (*B*).

tadelnswert: edeslihcher .. kaplater .. lastarlihher *si ... aliquis ... inflatus superbiae repertus fuerit reprehensibilis.*

Vgl. unlastarlîh.

last(a)rôn, auch **laht(a)rôn** *mfrk. (?) sw. v., mhd.* lastern, lestern, *nhd.* lästern; *as.* lastron (*s. u.*), *mnd.* lasteren, lester(e)n, *mnl.* last(e)ren, lacht(e)ren; *afries.* lastria (*vgl. Holthausen, Afries. Wb.² S. 63. 165*); *ae.* leahtrian; *vgl. an.* lasta, lesta. – *Graff II,99.*

laster-: *1. sg.* -on Gl 4,199,23; *3. sg.* -ot NpNpw 48,19; -oth Gl 1,794,31 (*M*); -t 32 (*M*); *2. pl.* -ont Np 10,4. 5 (2); -ot Npw 10,4. 5 (2); *inf.* -on Nc 795,13 [113,12] (*vgl. K.-T. 4,113,12*); *1. pl. conj. prt.* -etin Beitr. 52,157 (*clm 4614, 8. Jh.; zweites e unsicher*); *3. pl. conj. prt.* -otin Np 37,12; -oton Npw ebda.; **ge-:** *part. prt.* -ot NpNpw 34,18; **gi-lasder-:** dass. Gl 2,157,4 (*Oxf. Laud. misc. 436, 9. Jh.*). – **lastir-** (*alle 12. Jh.*): *1. sg.* -on Gl 1,311,32; *2. sg.* -ost 2,215,1; *3. sg.* -ot 1,794,15; -it 32 (*M*).

lastr-: *1. sg.* -on Gl 2,296,20 (*M, 2 Hss.*); *2. sg.* -os 177,15 (*M, 5 Hss., darunter clm 21525, 9. Jh.*); -ost 200,20 (*S. Paul XXV d/82, 9./10. Jh.*); *3. sg.* -ot 1,112,30 (*PaK*). 794,30 (*M, 6 Hss.*). 2,550,30. F 1,12; *3. pl.* -ont Gl 2,238,5. 333,40 (*clm 14747, 9. Jh.*). I 30,4; *3. sg. conj.* -o Gl 2,625,3 = Wa 68,3; -oge 550,10; *inf.* -on 20,69. 225,59 (*S. Flor. III 222 B, 9. Jh.*). 329,25 (*clm 14747, 9. Jh.*); *dat. sg.* -onne 94,9 (*2 Hss., darunter Sg 299, 9. Jh.*); -one Mayer, Glossen S. 78,7 (*vgl. Glaser, Griffelgl. S. 300,288b; clm 6300, 8. Jh.*); *part. prs. gen. pl. m.* -indero Pw 68,10; *3. pl. prt.* -otun T 84,1; **gi-:** *part. prt.* -ot Gl 2,177,44 (*M, 2 Hss.*); *acc. pl. m.* -ota 173,13 (*clm 6277, 9. Jh.*); **lasdrodin:** *3. pl. conj. prt.* 22,30.

cʰe-lactrot: *part. prt.* Beitr. (Halle) 85,43,31 (*Köln CCXIII, 8. Jh.;* h *über* c *nachgetragen; zur Schreibung* -ct- *für* cht *vgl. Braune, Ahd. Gr.¹⁵ § 154 Anm. 4, Berg-*

mann, Mfrk. Glossen S. 190; zu ebenfalls möglichem cht *für* st, *beides Vereinfachungen von* chst, *vgl. a. a. O. S. 189).*

Verschrieben: **luastros:** *2. sg.* Gl 1,277,15 *(Jb-Rd).*

Hierher als Verschreibung (?): **laster:fr:** *inf.?* Mayer, Glossen S. 24,12 *(vgl.* Amsterd. Beitr. 11,4; *Edinburgh, Adv. Ms. 18.5.10, 12. Jh.); nach* Amsterd. Beitr. 11,5 f. *ist entweder hinter* laster, *was später in* lastern *korr. wurde,* fr *für* francisce *geschr. oder aber eher die ganze Stelle als EN* lastenes *(d. i. Lasthenes) zu lesen (vgl.* 1c).

kalastaī Mayer, Glossen S. 144,17 s. gi-last(a)rôn.

1) *jmdn. lästern, schmähen, verhöhnen, beschimpfen (als jmdn.), jmdm. die Ehre nehmen:*

a) *mit Akk. d. Pers.:* luastros pisprichis [diis non] detrahes (Hss. detrahis) [, et principi populi tui non maledices, Ex. 22,28] Gl 1,277,15. lastron [sicut matrona stimulis agitata maligni illustrem Christi famulam sermone procaci] deformare [studet, Aldh., De virg. 1920] 2,20,69. lasdrodin [ut ... venenata sanctum (Bischof Narcissus) cum fraude] sugillent [ebda. 926] 22,30. lastron [qui putabantur lunatici, ob daemonum fallaciam, qui observantes lunaria tempora, creaturam] infamare [cupiebant, ut in creatorem blasphemiae redundarent, Hier. in Matth. 4,24. 25 p. 34] 329,25. lastrot detrahit [invictis legionibus et sua Romae praemia diminuit, qui, quidquid fortiter actum est, adscribit Veneri, palmam victoribus aufert, Prud., Symm. II,553] 550,30. vuelee sculde habet Christus . den ir lasteront? [vgl. ut tot haeretici de eo mala loquerentur, Rem.] NpNpw 10,4. an dien *(die den 'Weizen' innerhalb der Ecclesia bilden)* uuirt got kelobet . an enen *(die die 'Spreu' bilden)* uuirt er gelasterot [vgl. in palea blasphematur, Aug., En.] 34,18. er *(der Reiche)* danchot dir gote . so du imo uuola tuost. So du in chestigost . so lasterot er dih [vgl. venit illi lucrum, confitetur; ... patitur damnum, blasphemat, Aug., En.] 48,19. bismer lastrindero thi fielon ouir mi obprobria exprobrantium tibi ceciderunt super me Pw 68,10; *ferner:* NpNpw 10,5 (2); *– mit ellipt. Akk. oder abs.* 'gotteslästerlich reden' *(?):* einhuuelihhe scribera quhattun untar im: Dhese *(Jesus)* lastrot quidam de scribis dixerunt intra se: Hic blasphemat F 1,12;

b) *mit zusätzlichem, wiederaufgenommenem Akk. d. Pers. u. praedik. Part./Adj. im Akk.:* dhen *(d. i. Christus)* iudeoliudi, dhoh sie inan chiboranan chiblauben, lastront inan dhoh dhiu huuedheru in cruci chislaganan endi dodan *(Iudaei)* scandalizantur tamen crucifixum et mortuum I 30,4;

c) *Unklar, ob hierher (vgl. Formenteil):* lasterːfr [multum caelati, biberat quo callidus emptor (Philipp II. von Makedonien)] Olynthi [. sed quis nunc alius, qua mundi parte quis audet argento praeferre caput rebusque salutem? Juven. 12,47] Mayer, Glossen S. 24,12 *(vgl.* Amsterd. Beitr. 11,4); *zur Glossierung als Kommentar zur ganzen St. sowie zu weiteren Erklärungsmöglichkeiten vgl.* Amsterd. Beitr. 11,4 ff.; *bei der Deutung als EN auch Bezug zu* alius *denkbar.*

2) *jmdn./etw. tadeln, jmdm. Vorwürfe machen, jmdn. anklagen:*

a) *mit Akk. d. Pers./Sache:* pisprihit filu lastrot detractat valde tractat Gl 1,112,30. ni lastiron [non damno,] non reprehendo [septuaginta, Praef. in Pentat. p. XVII] 311,32. lastirot [si reprehenderit [nos cor nostrum, 1. Joh. 3,20] 794,15. 30. zi lastronne culpanda est (1 Hs. sit, 1 ohne est) [sane talium negligentia, Decr. Leon. XIX p. 230] 2,94,9. gilasderot simes bisprehhan [ne aliud exquirendo, eius prudentiae] deprehendamur [in aliquo] derogare [Cresc., Liber can., Praef. p. 830C] 157,4. lastros [pastoralis curae me pondera fugere delitescendo voluisse, benigna ... intentione] reprehendis [Greg., Cura Praef. p. 1] 177,15. 200,20. 215,1. gilastrot vuerden [ab ipso libri huius] reprehendantur [exordio, ebda. Praef. p. 2] 177,44. lastron [dum plerumque laudant etiam quod] reprobare [debuerant, ebda. 2,6 p. 21] 225,59. lastront [quia ... praelatae dignitati saltem innoxie et latenter] derogant [, quasi regis superpositi vestem foedant, ebda. 3,4 p. 39] 238,5. lastron [sed hanc in me verecundiam et ipse] reprehendo [ders., Hom. II,22 p. 1530] 296,20. lastront [ex hac sententiola quidam] calumniantur [, quod dominus physicae disputationis ignarus, putet omnes cibos in ventrem ire, et in secessum digeri, Hier. in Matth. 15,17. 18 p. 108] 333,40. lastroge [quis erit, qui mille meos] reprehenderit [annos, Prud., Symm. II,84] 550,10. lastro [melius enim est, ut exercitatus iuvenis] causetur [aetatem nondum advenisse pugnandi, quam doleat, praeterisse, Veget. I,4 p. 9,2] 625,3 = Wa 68,3. lasteron criminor 4,199,23. lasteretin [si nosmetipsos] diiudicaremur [, non utique iudicaremur, Greg., Cura 3,29, PL 77,108B = 1. Cor. 11,31] Beitr. 52,157. chelactrot [ne episcopi improbitas] notetur [ad comitatum pergendum, Conc. Sard. IX, PL 130,275C] Beitr. (Halle) 85,43,31. za lastrone sint [sed eo ab eis non temere] reprehendenda sunt [Greg., Mor. in Job 5,11, PL 75,691C] Mayer, Glossen S. 78,7 *(vgl.* Glaser, Griffelgl. S. 300,288b). mittiu see gisahun sume fon sinen iungoron mit unsubren hantun ... ezzan brot, lastrotun sie cum vidissent quosdam ex discipulis communibus manibus ... manducare panes, vituperaverunt T 84,1. unde eteuuaz lasteron mit cramatichis eo nunc stringere . i. arguere . quid grammatica regula Nc 795,13 [113,12]. so nahton sih Iudei Christo . daz si in criuzegotin . alde amici Iob . daz si in lasterotin [vgl. persona ... exprobrationibus sauciata, Cass.] NpNpw 37,12;

b) *Part. Praet., substant.: Getadelter:* gilastrota [ecce et loquens impugnabatur; et tamen impugnatus, erat pacificus: quia nec insanientes cessabat reprehendere, nec] reprehensos [negligebat amare, Greg., Cura 3,22 p. 70] Gl 2,173,13.

Abl. last(a)runga; *vgl.* last(a)râri.

[WOITKOWITZ]

gi-last(a)rôn *sw. v., mhd.* gelastern; *ae.* geleahtrian *– Graff II,99.*

gi-lastoron: *inf.* O 3,17,23.

gi-lastrot: *3. sg.* Gl 2,470,6 *(2 Hss.).*

Hierher auch (?): **ka-lastaī:** *3. sg. prt.* Mayer, Glossen S. 144,17 *(Wien 1218, 8. Jh., Gl. 12. Jh.; falls der mehrdeutige Kürzungsstrich für* -ota *steht); wurde vom Glossator das Deponens nicht erkannt (vgl. u.), dann als Part. Praet. zu* last(a)rôn, *so Ahd. Gl.-Wb. S. 361.*

1) *etw. schmähen:* sie woltun thar gifuagen, thaz sie nan *(Jesus)* mohtin ruagen ... thia sina guati gilastoron [vgl. ut ... deriderent eum, Beda u. Alcuin] O 3,17,23; – *(über etw.) spotten:* kalastaī [audivi ego quemdam de praeceptoribus Iudaeorum, cum Susannae derideret historiam ... deinde tantum fuisse otii tribus pueris] cavillabatur [, ut in camino aestuantis incendii metro luderent, Dan., Praef., PL 28,1359A] Mayer, Glossen S. 144,17 *(zur aktivischen Nebenform des lat. Lemmas vgl.* Thes. III,1,649,45).

2) (*etw.*) *tadeln:* gilastrot [*quis erit, qui mille meos*] *reprehenderit* [*annos, Prud., Symm. II,84*] Gl 2,470,6.

last(a)runga *st. f., mhd.* lesterunge (*vgl. Lexer, Taschenwb. S. 125*), *nhd.* lästerung; *ae.* leahtrung; *vgl. mnd.* lasteringe, lesteringe, *mnl.* lacht(e)ringe. – *Graff II,100*.

lasterunge: *nom. sg.* Gl 4,91,15 (*Sal. a1; mit Rasur vor* l).

lastr-ung-: *dat. sg.* -u AJPh. 55,228 (*vgl.* Schulte, Gregor S. 152,15; *clm* 6293, 9. Jh.); *nom. pl.* -a Gl 2,140,36 (*Bern 89, 9. Jh.*); *dat. pl.* -on 63,21; -un 4,317,25; -in 2,58,8 (*2 Hss.*); -ongvn: *dass.* 67,30 (*Wallerst. I. 2. (Lat.) 4°. 3, 10. Jh.; zu* -o- *für* u *vgl. Franck, Afrk. Gr. § 58*).

Verschrieben: **lastrungungen:** *dat. pl.* Gl 4,157,15 (*Sal. c*).

1) *Lästerung, Schmähung:* lastrunga [*ut filii sacerdotum ... ubi*] *blasphemiae* [*sunt, non accedant, Conc. Carth. XV p. 146*] Gl 2,140,36. lastrungu [*hunc virum ... non pietatis opere delectatum aestimo, sed episcopi*] *derogatione* [*Greg., Dial. 1,10, PL 77,204,B*] AJPh. 55,228 (*vgl.* Schulte, Gregor S. 152,15).

2) *Vorwurf, Beschwerde:* lastrungin [*quid tu homo ream me cotidianis agis*] *querelis* [*Boeth., Cons. 2,2 p. 27,3*] Gl 2,58,8. 63,21. 67,30. 4,317,25. lasterunge *querelis* 91,15. 157,15.

laster(-) *s.* last(a)r(-).

lasteri Mayer, Glossen S. 30,17 *s.* lastar.

lasterŷfr Mayer, Glossen S. 24,12 (*vgl.* Amsterd. Beitr. 11,4) *s.* last(a)rôn.

lastir(-) *s.* last(a)r(-).

lasṯpariŕ Gl 2,194,32 *s.* lastarbâri.

lastr- *s.* last(a)r-.

lastrongvn, lastrungungen Gl 2,67,30. 4,157,15 *s.* last(a)runga.

lat Wa 106,27 *s.* laz *adj.*

[forþ-**lǽtan** *ae. red. v.; nhd.* fortlassen.

fort-lete: 2. *sg. prt.* Beitr. (Halle) 85,61,69 (*Würzb. Mp. th. f. 79, 8. Jh.; zu* -e- *vgl. Sievers-Brunner, Ae. Gr. § 62; zu* -t- *für* þ *in der Kompositionsfuge vgl. Anm. z. St.*).

etw. aufgeben: bieldu þu fortlete [*o homo, ... cur spem atque*] *fiduciam* [*omnem*] *amittis* [? *Is., Syn. I,22 p. 833*].]

latdacha, lathege, lathek, latic Gl 3,403,28. 515,26. 593,19. 522,56 *s.* lat(t)uh(ha).

latînisc *adj., mhd.* latînisch, *nhd.* lateinisch; *mnd.* latînesch, *mnl.* latijnsch; *vgl. ae.* lǽden, *an.* latínn (*vgl.* Fritzner 2,427); *vgl. lat.* Latinus. – *Graff II,203*.

latinisg-: *acc. sg. f.?* -on T 204,2 (*zu* -o- *für* û *vgl. Ausg., Gr. § 112 f.*); -un Npw 104,Prooem.

in latîniscûn *in lateinischer Sprache, lateinisch:* (titul) uuas giscriban in ebraisgon inti in criehisgon inti in latinisgon *erat scriptum Hebraice, Graece et Latine* T 204,2; *in adverbiellem Gebrauch:* alleluia ist hebreisc, latinisgun chit iz 'lobot got' Npw 104,Prooem. (Np *Latine*).

latisarn Gl 1,292,54 *s.* jetîsarn, *Nachtrag*.

lat°frida Gl 3,361,24 *s.* lamprîda.

latta, ladda sw. (*auch st.*) *f.*, **latto, laddo** sw. *m.*, *mhd.* late, latte, *nhd.* latte; *as.* latta (*s. u.*), *mnd.* latte *f.*, *mnl.* latte; *ae.* latta; *vgl. auch mhd.* lade *st. sw. f.*, lade(n) *sw. st. m., nhd.* laden; *zu den Ansatzformen mit der* unklaren Geminate *vgl.* Lühr, Expressivität S. 251 f., Venema S. 320 ff. – *Graff II,167 s. v.* latta.

Starkes Fem.: **latta:** *nom. pl.* Gl 1,552,14 (*Rb*). 2,726,44 = Wa 110,24 (*Jh*); **latza:** *dass.* 3,683,27 (*Berl. Lat. 8° 73, 11. Jh.; zum mfrk. Lautstand vgl.* Bergmann, *Mfrk. Glossen S. 237; nach* Steinm. *falsche Verhochdeutschung von* latta, *vgl. Anm. z. St.; vgl. aber rhein.* lats *s. v.* latte, *Rhein. Wb. 5,160 ff.*).

Schwaches Fem.: **lattan:** *acc. sg.* Gl 2,351,8 = Wa 67,12 (*zu* -an *vgl.* Gallée, As. Gr.[3] § 335 Anm. 4; la'tan).

Schwaches oder starkes Fem.: **latt-:** *nom. sg.* -a Gl 2,261,35 = Wa 82,14. 370,18 (*clm 18375, Gll. 11. Jh.; oder nom. pl. st. f.?*). 374,55 (*Wien 114, 10. Jh.; oder nom. pl. st. f.?*). 378,36 (*2 Hss.*). 3,722,4. 4,116,38 (*Sal. a2, 4 Hss.; oder nom. pl. st. f.? lat. pl.*). 4,342,17. Beitr. (Halle) 86,394,80 (*Wolf., Wiss. 50, 9. Jh.*). Mayer, Glossen S. 108,14 (*Oxf. Auct. T. 1. 26, Gll. 9./10. Jh.*); **latza:** *dass.* Gl 4,179,19 (*Berl. Lat. fol. 735, 12./13. Jh.; zu* -tz- *vgl.* Lühr *a. a. O. S. 252*); **lata:** *dass.* 2,378 Anm. 14 (*clm 6408, 10./11. Jh.*).

Schwaches Mask. **latto:** *nom. sg.* Gl 2,370,17 (*clm 18375, Gll. 11. Jh.*). 4,131,54 (*Sal. c*). – **laddo:** *nom. sg.* Gl 3,266,49 (*SH b, 2 Hss.*). 294,34 (*SH d*); **lado:** *dass.* 266,49 (*SH b*).

Nicht eindeutig: **latt-:** *nom. sg.* -e Gl 4,148,36 (*Sal. c; lat. pl.*). 187,49; *nom. pl.* -on 112,19 (*Sal. a2*). 5,47,17 (la'ton); -un 3,648,23. 35. 4,248,2 (*clm 6411, 9. Jh.*); -en 328,7 (*SH f*). 4,112,19 (*Sal. a2, 2 Hss.*). 187,50. 52; -in 167,39 (*Sal. d*); *gen. pl.* -ono 1,562,6 (*Sg 9. Sg 1395, beide 9. Jh.*). 42 (*S. Paul XXV d/82, 9./10. Jh.*). 563,3 (*Sg 299, 9. Jh.*). 577,61 (*M, 11 Hss.*). 5,9,33 (*Bamb. Class. 3, 8./9. Jh., Gll. 11. Jh.*); -one 1,577,63 (*M; vor* l- s *rad., Steinm.*); -on 563,3. 577,63 (*M*); -un 4,278,25 (*M*); -in 1,577,64 (*M, 2 Hss.*). – **laddun:** *nom. pl.* Gl 3,129,61 (*SH A, 2 Hss., 1 Hs.* -vn). 181,5 (*SH B*). Hbr. I,268,266 (*SH*); *zu* -dd- *vgl.* Braune, Ahd. Gr.[15] § 167 Anm. 10); **latden:** *dass.?* Gl 4,195,21; **lad-:** *nom. sg.* -e 181,63. Mayer, Glossen S. 119,27; *nom. pl.* -in Gl 3,129,6 (*SH A*).

Mit Rasur der Endg.: **latton::** *gen. pl.* Gl 1,562,6/7 (*S. Paul XXV d/82, 9./10. Jh.; Rasur von* -o, *vgl.* Steinm.). – **laddun::** *nom. pl.* Gl 3,129,62 (*SH A, Trier 31, 13. oder 12. Jh.; die Korr. von jüngerer Hand,* Steinm.; lad°un:).

Wohl verschrieben: **lateo:** *nom. sg.?* Gl 2,370,16 (*clm 280 A, 10./11. Jh.; l.* latto, *vgl.* Teitge S. 26); **latti:** *nom. sg.?* 4,102,31 (*Sal. a1, Prag, mus. Bohem., 13. Jh.*). 112,20 (*Sal. a2, ebda.; lat. pl., Parallelhss. pl.*); **latnn:** *nom. pl.* 116,39 (*Sal. a2, ebda.*); **lattem:** *dass.* 187,52; **ladene:** *dass.* 3,129,62 (*SH A*).

1) *Latte, Brett:* lattono [*melior est victus pauperis sub tegmine*] *asserum* [*, quam epulae splendidae in peregre sine domicilio, Eccli. 29,29*] Gl 1,562,6. 42. 563,3 (*1 Hs.* latta ł sparra). 577,61. 4,278,25. 5,9,33. asser rauo laterculi latto [*zu: alia vero omnia masculina sunt, ut 'hic pater', 'frater',*] *'asser'* [*Prisc., Inst. II,151,14*] 2,370,16. 18 (*zu laterculus vgl.* Diefb., *Gl. 320ª, vgl.* 2). 374,55, *z. gl. St.* asser latta in tecto 378,36. 4,342,17. asser communi eloquio lata 2,378 Anm. 14. bret vel latta *asser* [*ebda.*] Beitr. (Halle) 86,394,80, *z. gl. St.* latta Mayer, Glossen S. 108,14. laddun *asseres* Gl 3,129,61 (*im Abschn. De partibus aedificiorum*). 181,5 (*im Abschn. De sacris aedificiis*). 4,167,39. 248,2. 5,47,17. Hbr. I,268,266 (*im Abschn. De partibus aedificiorum*). *asseris* (*d. h. asser. is,* Steinm.; *oder pl.?*) ł *tegula* Gl 3,648,35 (*davor* gebretto *trabs; zu* tegula *neben* tigillum *vgl.* CGL VII,335. 350, *vgl.* 2 u. 3). laddo *asserum* (*zu* -um *als Nom. Sing. vgl.*

Mlat. Wb. I,1059,8f.) 266,49. 294,34. *asseres* (vgl. Mlat. Wb. a. a. O.) 4,131,54. **asser**. palus. fustis uł lade 181,63. Mayer, Glossen S. 119,27; – *aus Latten Gefertigtes, Zusammengefügtes:* laquear latte culmen ł ornamentum tecti uł camere Gl 4,187,49 (*1 Hs. nur* latten). laquearia pinna uł fenestre domorum et (uł) latten 52.

2) *Schindel* (?): latta *tegula* [*wohl zu: ibi quaedam mirae potentiae aedificabatur domus, quae aureis videbatur laterculis construi*, Greg., Dial. *4,36 p. 433*] Gl 2,261,35 = Wa 82,14 (*davor* scindela *laterculus; zu* tegula *neben* tigillum *vgl.* CGL VII,335. 350, *vgl.* 3; *zur Glossierung vgl. auch Schulte, Gregor S. 504f.*). latton *ambrices* (*1 Hs.* imbrices) Gl 4,112,19 (*vgl. Diefb., Nov. Gl. S. 210 s. v.* imbrex). latta *laterculi* (*vgl. Diefb., Gl. a. a. O.*) 116,38. 148,36 (*vgl. Z. 43* schintil ł ziegel *laterculus*).

3) (*kleiner*) *Balken, auch Bauholz:* latta huso *tigna domorum* [*nostrarum cedrina, laquearia nostra cypressina*, Cant. *1,16*] Gl 1,552,14. latta [*hoc geritur zephyris primum inpellentibus undas, ... ante garrula quam*] tignis (*Hs.* tigna) [*nidum suspendat hirundo*, Verg., G. *IV,307*] 2,726,44 = Wa 110,24. latten *tigna* 3,328,7. latza *tigna* 683,27 (*davor* sparro *tignum*). *tigillum* ł *tegula* 722,4 (*davor* sparra *tignum, danach* scindele *ascella* ł *asser; oder auch zu* 2 (?); *zu* tigillum *vgl.* CGL VII,350). *tignum* 4,102,31 (*2 Hss.* gibret, *1 Hs.* gibretto, *1* spanga). *tigillum* 179,19 (*davor* spare *tignum; zu* tigillum *vgl.* CGL *ebda.*). tignum. ni. i. sparren. latden domus 195,21; – *in einem Bilde:* lartan [*cernis adhaerentem fistucam in lumine fratris, nec tamen in proprio*] *tignum* [*consistere sentis,* Juv. *1,660*] Gl 2,351,8 = Wa 67,12.

4) *Glossenwort:* lattun *tegulae* Gl 3,648,23 (*davor* balcun ł gibreitta *trabes*).

Vgl. Heyne, Hausalt. 1,26f. 89.

lat(t)ih(ha), lattike *s.* lat(t)uh(ha).

latto *s.* latta.

lat(t)uh(ha), lat(t)ih(ha), letih(ha) (*st. sw.?*) *f.*, *mhd.* latech(e), leteche, *nhd.* lattich *m.; as.* ladika, lattika (*vgl. Gallée, Vorstud. S. 188. 191, s. u.*), *mnd.* lādeke, lādike, laddeke, lēdeke, *mnl.* ladic, ladicke, ladeke, ladich, ledicke; *ae.* lactuca, léahtric (*vgl. Bosw.-T., Suppl. S. 609*); lat(t)uh(ha) *aus lat.* lactūca *u.* lattūca, letih(ha) *aus mlat.* lapatica, *vgl. lat.* lapath(i)um; *zur gegenseitigen Beeinflussung der Formen u. zur Formenvielfalt sowie zur Bedeutungsvermischung vgl. Frings, Germ. Rom. II,291ff., Loewe, Beitr. 61,208ff.* – *Graff II,202f.*

Nom. Sing., falls nichts anderes angegeben; häufig Endungsabfall meist in späten Hss.

lattuh-: -a Gl 3,577,42; **-]** 573,7; **lattouh:** 679,29; **lattovch:** 1,306,57 (*M*); **latuch:** 3,489,17. 559,54; **latoch:** 580,47; **latouhc:** 2,337,20. – **ladduch-: -a** Gl 3,573,6 (*Sg 299, 9. Jh.*); **-]** 279,38 (*SH b*). 573,6 (*clm 14747, 9. Jh.*). 590,26; **laddoch:** 279,38 (*SH b*); **ladocha:** 5,44,20; **latdacha:** 3,403,28 (*Hildeg.*).

lattich: Gl 3,475,22. 592 Anm. 1 (*SH A*); **lattike:** 719,10; **latich-: -i** 575,22; **-e** 51,20. 550,27 (*2 Hss.*). 559,54; **-]** 1,306,58 (*M*). 3,50,1. 486,44 (*Wien 10, 11. Jh.; auf Rasur u. fälschlich für* atich, *s.* 4). 520,30. 576,17. 585,43. 5,36,50 (*SH A*). Beitr. 73,259,70; *dat. pl.* **-en** Gl 3,414,30 [HD 2,226]; **latic:** 522,56. – **laddich:** Gl 3,108,43/44 (*SH A, 3 Hss.*). 199,30 (*SH B*). 591,32. Hbr. I,202,413 (*SH*); **ladtich:** Gl 3,108,44 (*SH A*); **ladich:** Beitr. 73,259,67. 69; **ladic-: -a** Gl 3,108,45 (*SH A*); **-e** 719,47 (-k-).

latech-: -a Gl 3,102,20 (*SH A, 2 Hss.*). 198,10 (*SH B*). 279,8 (*SH b*). 490,29. 502,26. 5,35,38 (*SH A*); **-e** 4,365,40; **-]** 3,35 Anm. 10. 102,21 (*SH A*). 325,76 (*SH f*); **latche:** 102,21 (*SH A*). 530,18. – **laddech:** Gl 3,108,43 (*SH A, 2 Hss.*); **lathek:** 593,19; **lathege:** 515,26; **ladeche:** 388,3 (*Jd*); **ladeke:** 596,45. 719,48 (*vgl. Nd. Wort 16,95,287*); **ladhech:** 596,22; **ladche:** 108,45 (*SH A*).

lactoch: Gl 4,364,11; **lactvoch:** 148,14 (*vgl. Beitr. 73,217; Sal. c;* hactvoch, Steinm. *l.* lattvch). – **lacticha:** Gl 3,576,47; **lacteke:** 598,20 (*lat. gen.*); -c- *von lat.* lactuca.

letich-: -a Gl 3,279,8 (*SH b*). 478,26 (*2 Hss.*). 489,20; **-e** 535,14. 548,1 (*2 Hss.*). 597,27; **-]** 526,4. 530,9; **letaha:** 513,50; **letacha:** 102,22 (*SH A, 2 Hss.*). 513,50; **lætucha:** 5,42,33 (*Trier 40, 11. Jh.; æ wohl eher als* &, *vgl. Steinm.*); **letech-: -a** 3,102,22/23 (*SH A, 2 Hss.*). ebda. (*SH B, vgl. Hbr. II,560,9*). 172,16 (*SH A, Anh. a; das zweite* e *aus* i *korr., Steinm.*); **-e** 525,27. 535,14; **letch:** 597,19; **leitecha:** 502,27 (*Mülinensche Rolle, 11./12. Jh.*); **lettich:** 581,19; **lettech-: -a** 245,16 (*SH a2*); **-e** 17 (*SH a2*); **-]** 198,10 (*SH B*). – **ledech-: -a** Gl 3,516,9 (*Bern 224, 9. Jh.*); **-]** Add. II,101,7; **lethech-: -a** Hbr. I,189,252 (*SH A; -a rad.*); **-e** Gl 3,536,44.

Verschrieben: **laticho:** Gl 3,279,39 (*SH b, clm 3215, 13./14. Jh.; oder sw. m.? Vgl. Frings a. a. O. S. 294*); **lecicha:** 302,65 (*SH d; zur Verschr. vgl. ebda.*); **retich:** 538,5 (*Wien 2524, 13. Jh.; vgl. Anm., Steinm.*).

1) *Lattich, Gartenlattich, -salat, Lactuca sativa L.* (*vgl. Marzell, Wb. 2,1147f.*), *oder auch Stachel-Lattich, Lactuca scariola L.* (*vgl. Marzell, Wb. 2,1150f.*): mandragora .. huius duę species sunt. femina foliis lactucę lattovch [*zu: egressus autem Ruben tempore messis triticeae in agrum, reperit*] mandragoras [Gen. *30,14*] Gl 1,306,57. latiche *lactuce* 3,51,20. laddich *lactuca quod abundantia lactis exuberet* [Hbr. *I,202,413*] 108,43. 5,36,50. Hbr. I,202,413. *lactuca agrestis vel saralia* [Hbr. *II,55,423*] Gl 3,199,30. *lactuca* 279,38. 388,3. 475,22 (*vgl. Anm.,* lactuca hortensis .i. tridax. lactuca agrestis .i. tridaoion, CGL *III,568,15. 16*). 489,17. 522,56. 530,18. 559,54. 573,6. 575,22. 576,17. 580,47. 581,19. 585,43. 592 Anm. 1. 679,29. 719,10 (*vgl. Nd. Wort 16,93,249*). 4,148,14 (*vgl. Beitr. 73,217*). latichen *lactucis* 3,414,30 [HD 2,226] (*in lat. Text*). latecha *lactuca hortulana* 502,26. ladduch *lactuca* [*Macer Flor. XX, Überschr.*] 590,26. 591,32. 593,19 (*alle Hss.* De lactuca). 596,22 (*Hs.* lactuce). 597,19. 4,365,40 (*Hs.* De lactuca). Beitr. 73,259,67 (*Hs.* De lactuca). lacteke [*frigida*] *lactucae* [*vis constat et humida valde, unde potest nimios haec mansa levare calores, Macer Flor. XX,1*] Gl 3,598,20. Beitr. 73,259,69. lactuca ... est lactuca agrestis quam sarrabam nominamus ... et dicitur latich [*Randgl. zu ebda.*] 70 (*vgl.* lactuca agrestis est quam sarraliam nominamus, Is., Et. *XVII,10,11*). lactoch [*de*] *lactuca* [*lactucae natura frigida est, non tamen noxii rigoris,* Dynam. *I,32 p. 411*] Gl 4,364,11. lacticha *lactuces* 3,576,47. 577,42; *aus einem Rezept:* ladocha herba *lactuca silvatica* [*Apul., Herb. 72,1*] 5,44,20 (*vgl. Arch. f. Gesch. d. Mediz. 10,277*); – uuildiu latihha *Stachel-Lattich* (*vgl. Marzell, Wb. 2,1151*): wildiu latecha *picris* [*vgl.* pigri *lactuca silvatica, CGL III,574,24*] Gl 3,490,29.

2) *Stumpfblättriger Ampfer, Grind-Ampfer, Rumex obtusifolius L.* (*vgl. Marzell, Wb. 3,1511ff., bes. 1527*); *auch für Große Klette, Arctium Lappa L.* (*vgl. Marzell, Wb. 1,374ff., bes. 380f.*); *zur Vermengung von lat.* lap(p)ath(i)um, lappacium *u.* lappa *vgl. Thes. VII,2,940. 953 u. 954, vgl. auch Loewe a. a. O., bes. S. 211:* latouhc

[*herba*] *lapathi* [*prata amantis, Hor., Epod. II,57*] Gl 2,337,20 (*vgl.* Siewert, Horazgl. S. 122). latech *glis lappa* 3,35 Anm. 10. *lappa* 279,8 (*1 Hs.* bletahha). lettecha ł cletto *lappa* ł *lapatum* [*Hbr. II,353,143*] 245,16 (*1 Hs.* bletahha ł kletto, *1 nur* kletto). 302,65. latech *lappa lactuca* 325,76 (*oder wegen lactuca zu* 1). latich *lapatium* 50,1. 172,16. 489,20. 502,27. 513,50 (*1 Hs.* bletahha). 516,9. 530,9. 5,42,33. Add. II,101,7. latecha *lapatium vel argemon* [*Hbr. I,189,252*] Gl 3,102,20. 5,35,38. Hbr. I,189,252. *lapacium vel argemon* [*Hbr. II,50,310*] Gl 3,102,22/23. 198,10. dunschia *lapacium* 403,28. lapacium lathege. cum latis foliis et clethē 515,26. lapatium latich maior 520,30. ladeke lodiu(m) *lappatium* 719,48 (*vgl.* Nd. Wort 16,95,287). ladeke [*herba solet*] *lapathi* [*vulgo paratella vocari, illius species dicuntur quatuor esse, Macer Flor. LXIII,1*] 596,45. 597,27 (*Hs. lapatium*). letich *cantertum* [*vgl. canterinon .i. lappacius, CGL III,558,68*] 538,5. leticha *argemonis* (*vgl. Mlat. Wb. I,929 s. v. argemone*) [*vgl. argimonis lappa inversa, CGL III,586,20*] 478,26. *arrigenes* (*vgl. Mlat. Wb. a. a. O.*) [*vgl. ariginionis id est lappa inversa, CGL III,616,20*] 535,14. *arnugenes* (*vgl. argemone, Mlat. Wb. I,970. 929*) 548,1; – *Große Klette, Arctium Lappa L.* (*vgl. Marzell, Wb. 1,380 f., Loewe a. a. O. S. 214 f.*): grôz letih *Große Klette:* groze letich *brandana* (*l. bardana*) Gl 3,526,4. 550,27 (*1 Hs.* bardana, *1* graslouche). *bardana .i. lappa maior* 536,44 (*1 Hs.* mittelklette); *hierher wohl auch* (*vgl. Loewe a. a. O. S. 215*): rôt latihha *Rote Klette:* rode ladike *personat(t)a* (*vgl. Marzell, Wb. 1,375*) 719,47.

3) *für den Ackerschachtelhalm, Equisetum arvense L.* (? *Vgl. Marzell, Wb. 2,233 ff., Frings a. a. O. S. 293*): leteche *arconcilla orientes* Gl 3,525,27 (*oder doch zu 2 mit ungewöhnlichem lat. Lemma, vgl. auch Marzell, Wb. 3,1534 u. Mlat. Wb. I,931 s. v. argentilla*).

4) *Fehlglossierung:* latich *cameactis* [*vgl. comiactis .i. ebolum, CGL III,555,6*] Gl 3,486,44 (*vgl. Mlat. Wb. II,513 s. v. chamaeacte 'Zwergholunder'; fälschlich für* atich, *Steinm., vgl. Ahd. Wb. 1,689 ff. s. v.* atuh).

Komp. hasen-, wildletihha, huofletih(ha); quitenlateche *mhd.*, breit-, schorf-, slizleteche, kütenlatech *alle mhd.*; *Abl.* letechîn *mhd.*

Vgl. bletahha.

Vgl. Loewe a. a. O.

[SEEGER]

latz Gl 5,520,21 *s.* lâzan.

latza Gl 4,179,19 *s.* latta.

lau- *s.* lab-.

lauandula, lauind- *s.* lavendula.

laubi.. Reiche, Nachtr. S. 489 *u.* Anm. 46 (*vielleicht lat.*) *s.* louba.

lauileia Gl 2,708,33 *s.* labeleia.

laurîn *adj.*; *mnl.* laurine, -ijn; *vgl. nhd.* lor- (*in* lorbeer), *mhd.* lôr-, *mnd.* lôr-, *ae.* laur(-); *aus lat.* laurus. – *Graff II,244.*

laurîn-: *nom. sg. m.* **-o** Nc 722,26 [39,15]; *dat. pl.* **-en** 713,21 [30,10].

vom Lorbeerbaum, von Lorbeer: Apollini ... geziertemo mit laurinen houbetpendelen *Clario ... inter serta laurigera infularum* Nc 713,21 [30,10]. der laurino ast . ter an sinero (*Phoebus*) hant uuas . der irskein also lampas . so uuit so diu uuerlt uuas *laurusque quam dextera retinebat . in lampadem mundani splendoris accenditur* 722,26 [39,15].

lavun Gl 2,632,54 *s.* lâo.

[h]lâuuên *sw. v.*, *mhd.* lâwen, *frühnhd.* lauen; *mnd.* lauwen (*vgl.* Schiller-Lübben 2,640), *mnl.* laeuwen. – *Graff II,294.*

lauuen: *inf.* Gl 2,539,53 (*mus. Brit. Add. 34248, 11. Jh.*).

warm werden: lauuen [*cerneres coire membra de favillis aridis, frigidum venis resumptis pulverem*] *tepescere* (*Glosse: incalescere*) [*Prud., H. o. horae (IX) 101*].

fir-lâ(uu)en *sw. v.*; *vgl. ae.* læwan, *got.* fralewjan. – *Graff II,295.*

fir-lati: *3. sg. conj. prt.* O 4,8,19 (*zum w-Ausfall vgl.* Braune, Ahd. Gr.[15] §§ 110 Anm. 1. 363 Anm. 4d).

jmdn. verraten: mit in was sin girati, thaz selbo er (*Judas*) inan (*Jesus*) firlati [*vgl. locutus est cum principibus sacerdotum et magistratibus, quemadmodum illum traderet eis, Luc. 22,4*].

gi-lâ(uu)en *sw. v.*; *vgl. ae.* læwan, *got.* galewjan. – *Graff II,295.*

gi-lati: *3. sg. conj. prt.* O 4,8,24 (*zum w-Ausfall vgl. s. v.* firlâ(uu)en).

jmdn. verraten: sie imo (*Judas*) sar thuruh thaz gihiazun mihilan scaz, in thiu er thaz gidati, so gisuaso inan (*Jesus*) gilati [*vgl. ut traderet eum, Luc. 22,6*].

[h]lâuuî *st. f., frühnhd.* läue. – *Graff II,294.*

lauui: *dat. sg.* Gl 2,196,15 (*M, 3 Hss., 10.–10./11. Jh., davon 1 Hs.* -vu-, *1* -uv-).

übertr.: Lauheit: lavui [*quisquis ergo amisso infidelitatis frigore vivit, sed nequaquam*] *tepore* [*superato excrescit ut ferveat ..., agit ut frigescat, Greg., Cura 3,34 p. 94*].

laz *adj., mhd.* laʒ, *nhd.* laß; *as.* lat (*s. u.*), *mnd. mnl.* lat; *afries.* let; *ae.* læt; *an.* latr; *got.* lats; *vgl. lat.* lassus. – *Graff II,297.*

lazz-: *nom. sg. m.* **-er** Gl 1,185,26 (*R*). 243,34 (*Rδ*); **-o** T 149,7 (*voc.*); *nom. sg. n.* **-ez** Gl 2,512,24; *nom. pl. m.* **-ę** T 227,1 (*voc.*); *acc. pl. m.* **-e** Npgl 106,38; **laz:** *Grdf.* Gl 1,184,25 (*Pa*). 2,192,1 (*M, clm 21525, 9. Jh.*); *nom. sg. m.* **-]er** 4,209,31. Mayer, Griffelgl. S. 40,97 (*Vat. Ottob. lat. 3295, 9. Jh.*). Nb 251,21 [199,2] (-êr); *nom. sg. n.* **-]iz** Gl 2,512,24; *nom. sg. f.* **-]iu** 632,17. – [**lat:** *nom. sg. n.* Wa 106,27 (*Straßb. Gl., 10. oder 11. Jh.*)].

Verschrieben: **laer:** *nom. sg. m.?* Mayer, Griffelgl. S. 40,98b (*Vat. Ottob. lat. 3295, 9. Jh.; -e- unsicher, l.* lazer, *vgl.* Mayer z. St.).

1) *langsam, träge, stumpfsinnig, faul:*

a) *langsam, träge:*

α) *von Pers.* (*auch von Tieren*): unhorsc lazzer *ineris segnis* Gl 1,185,26. lazzer *segnis* 243,34. laziu [*gens illa quidem sumptis non*] *tarda* [*pharetris, Verg., G. II,125*] 2,632,17. lazer *tardigradus* 4,209,31 (*vgl. non tarda; i. e. strenuissima, Serv.*). [so lat (*asinus*) *animal quippe tardum et nulla ratione renitens, statim ut voluit sibi homo substravit* [*Is., Et. XII,1,38*] Wa 106,27];

β) *von Abstr.:* lazer [*postquam ... accepi litteras, quibus me hortari dignati estis, ne mentis acumen*] *inerti* [*torpentique otio submitterem, Halitg., De vitiis, PL 105,654A*] Mayer, Griffelgl. S. 40,97. sclauer lazer *inerti torpenti* [*ebda.*] 98b (*Zuordnung auch zu* inerti *möglich, vgl.* Mayer z. St.);

b) *stumpfsinnig, dumm: von Pers.:* uuola tumbe in lazzę in herzen zi giloubanne in allen then thiu dar sprachun thie uuizogon *o stulti et tardi corde ad credendum in omnibus quae locuti sunt prophetae* T 227,1. ferlegener unde lazer . unde der sih arbeite erchumet . lebet in eseles uuis *segnis ac stupidus torpet . asinum vivit* Nb 251,21 [199,2]; – *bildl.* (*von dem Vieh, der Herde als einfältige Gläubige*), *substant.:* dero (*von der Lehre*) lebeton ioh iro iumenta (feo) . daz sint simpliciter uiuentes in ęcclesia (mit einfalti lebinte in christanheite) . uuanda er sie alle hiez leren capaces et tardos (sinhafte ioh lazze) Npgl 106,38 (Npw dia biuanclichen unde die tragen);

c) *faul, träge, von Pers.:* unpauhnic unzaihanhaft enti zaihan laz *ignavus iners segnis piger* Gl 1,184,25 (*Pa; K* unzeihhanhaft*; zur Glossierung vgl. Splett, Stud. S. 259 f.*). ubil scalc inti lazzo, tho du uuestos thaz ih thar arnon thar ih ni sauuiu *serve male et piger* T 149,7.

2) *unscharf, verschwommen, stumpf, vom Blick:* lazzez [*sed tamen et patris est specimen, quod cernere fas sit, humanis aliquando oculis concurrere promptum, quod quamvis*] *hebes* (*1 Hs. noch stultus; Glossen: stultus vel retunsus*) [*intuitus ... acie potuit nebulosus adire, Prud., Apoth. 20*] Gl 2,512,24.

3) *lässig* (? *In verderbter Glossierung*)*:* laz n..nen [ne] *venalem* [*dei iustitiam aestiment, si cum curant pro peccatis nummos tribuere, Greg., Cura 3,20 p. 65*] Gl 2,192,1 (*Glossierung nach* laz *unklar, vgl. Steinm.; das Ahd. Gl.-Wb. S. 435 fragt* n..nen *unter* nemnen *sw. v.* an).

Abl. lazzo; lazzî; lazzên, lazzôn; *vgl.* lezzisto.

laz *st. m.* (n.?); *vgl. mhd.* laȝ *st. m., nhd.* latz *m., an.* laz *n.; vgl. lat.* laqueus, *vgl. Pfeifer, Et. Wb.² S. 770 f.* – *Graff II,316.*

Mask.: **laza:** *acc. pl.* Gl 2,715,21. – **lezza:** *nom. pl.* Gl 2,767,59 (*Leipzig Rep. I. 4. 53, 10. Jh.*).

Neutr. (?)*:* **laz:** *acc. pl.* Gl 2,665,63 (*clm 18059, 11. Jh.;* laȧzi̧*; Velthuis S. XXXII erwägt acc. sg. m.*).

Nicht eindeutig: **lazz-:** *dat. sg.* -e Gl 2,384,31 (*2 Hss.*). 386,47. 390,49. 411,21. 531,12. 533,31; -a 399,14 (*Wien 247, 11. Jh.*); **laz:** *nom. sg.* 740,23 (*2 Hss.*) = Wa 80,22. 4,130,9 (*vgl. Beitr. 73,209; Sal. c*). 175,3 (*clm 14429, 9. Jh.; von anderer Hand*); *dat. sg.* -]e 2,463,54. 568,59. – **lezze:** *dat. sg.* Gl 2,546,61 (*mus. Brit. Add. 34248, 11. Jh.*); **leze:** *dass.* 530,58 (*Eins. 302, 11. Jh.*). 568,59 (*Köln LXXXI, 11. Jh.*).

Verschrieben: **lizz:** *nom. sg.* Gl 3,678,58 (*l.* laz, *Steinm.*); *hierher wohl auch:* **lazo:** *dat. sg.?* 2,498,57 = Wa 85,27 (*zur Verschr. vgl. Gallée, Vorstud., Nachträge S. 524; zum Ansatz auch als sw. Mask. vgl. Wadst. S. 203*); **lazc:** *dat. sg.?* 498,57.

1) *Riemen:*

a) *an Wurfwaffen:* lazze [*non ales arundo nervo pulsa fugit, nec stridula lancea torto emicat*] *amento* [*, frameam nec dextra minatur, Prud., Psych. 325*] Gl 2,384,31. 386,47. 390,49. 399,14. 463,54. 498,57 = Wa 85,27 (*Hs.* amentum). 530,58. 531,12. 533,31. 546,61. 568,59, *z. gl. St.* mit lazze 411,21. laz [*clamor totis per propugnacula muris, intendunt acris arcus*] *ammenta* [*-que torquent, Verg., A. IX,665*] 665,63. 715,21 (*vgl. pro tela amentis torquent: nam amentum est lorum quo media hasta religatur ... et iacitur, Serv.*). laz *amento cum quo proicitur lancea* 4,175,3;

b) *an der Sandale:* laz [*similiter et sandalia eius*] *amentis* (*Hs.* amentum) [*latis per XXV annos nunquam veterascunt, Acta apost. p. 672*] Gl 2,740,23 = Wa 80,22.

2) (*Pflanzen-*)*Ranke:* lezza [*velut in fusum nentes cum pensa puellae mollia traiciunt ... sic vaga tortilibus stringunt*] *ammenta* [(*i. e. cucurbitae*) *catenis scalarum, Walahfr. 339,122*] Gl 2,767,59.

3) *Glossenwort:* laz *amentum* Gl 3,678,58; – *in einer Alternativglossierung:* vnsinnigi laz *amentia* Gl 4,130,9 (*vgl. Beitr. 73,209; d. h.* vnsinnigi, laz, *Steinm.*); *zur möglichen Vermischung von* amentum '*Riemen*' *u.* amentia '*Wahnsinn*' *vgl. Mlat. Wb. I,557.*

lâz¹ *st. m., mhd.* lâȝ, *nhd.* -laß; *as.* -lāt (*vgl. Holthausen, As. Wb. S. 45*), *mnd.* lât *n.* (*in anderer Bed.*), *mnl.* laet *m.; an.* lát *n.; got.* -let *n.* – *Graff II,313.*

laz-: *dat. sg.* -e Gl 2,276,12 (*M, 6 Hss., davon in 1 Hs.* ausrad.); -a 654,40.

1) *Zugeständnis:* zi demo laze (*3 Hss. noch daz uvir unsih dara ni* (gi)lazames) [*nulla nos detractio ad iram provocet, atque*] *ad remissionem* [*inutilis gratiae nullus favor inclinet, Greg., Hom. I,6 p. 1454*] Gl 2,276,12.

2) *Entfernung, räumlicher Abstand:* laza untarsceitungo [*aequo*] *discrimine* (*spatio*) [*Pristis Centaurusque locum tendunt superare priorem, Verg., A. V,154*] Gl 2,654,40 (*vgl.* interstitio, *Serv.*).

Komp. hantlâz¹, lidulâz.

? **fir-lâz** *st. m., nhd.* verlaß; *mnd.* vorlât *m. n.; ae.* forlǽt ((?) *Vgl. Bosw.-T., Suppl. S. 247*); *an.* forlát *n.; got.* fralet *n.; vgl. ae.* forlǽte *n.* (*vgl. Bosw.-T., Add. S. 27*).

Verschrieben (?)*:* **uuor-laaz:** *nom. oder acc. sg.?* Mayer, Griffelgl. S. 43,115 (*Vat. Ottob. lat. 3295, 9. Jh.; zum fraglichen Ansatz u. zur gramm. Best. vgl. Mayer z. St.*).

Vergebung (?)*:* uuorlaaz [*quia ipsa eleemosyna est, veniam homini petenti*] *ignoscere* [*Halitg., De vitiis p. 656A*] (*oder ist* veniam *glossiert?*).

gi-lâz *st. m. n., mhd.* gelâȝ, *frühnhd.* gelaß (*vgl. DWb. IV,1,2872; nhd. auch in anderer Bed.*); *mnd.* gelât *n.* (*in anderer Bed.*); *vgl. mhd.* gelæȝe *st. n. f.* (*in anderer Bed.*), *ae.* gelǽte *n.* – *Graff II,316.*

Nb, Np -â-.

Mask.: **ga-laz-:** *nom. pl.* -a Gl 3,3,51 (*Voc.; lat. sg.; anders Gl.-Wortsch. 6,29* (*s. v.* gi-leih)); **gi-:** *acc. pl.* -e 1,576,2 (*M; lat. sg.*).

Neutr.: **ka-laz:** *acc. sg.* F 15,20.

Nicht eindeutig: **ke-lazz-:** *gen. sg.* -is Npgl 103,15; *dat. sg.* -e 91,5; **ge-:** *dass.* -e Gl 2,263,4. Np 118 O,111; **ke-laz-:** *dass.* -e Nb 221,6 [178,23]; *acc. sg.* -] NpNpw 103,21; **ga-:** *dass.* -] Mayer, Glossen S.149,11 (*Zürich Rhein. 20, 9. Jh.*); **gi-:** *nom. sg.* -] Gl 1,391,8 (*M*). 460,22 (*Rf*). 462,37 (*M*); *dat. sg.* -e 2,380,45 (*Antwerpen 126, 9. Jh.*). Npw 118 O,111; *acc. sg.* -] Gl 1,576,1 (*M, 8 Hss.*); **ge-:** *dat. sg.* -e 2,263,3 (*Sg 299, 9. Jh.*).

1) *Zugeständnis, Erlaubnis, Gnade:* gilaz [*non des ... mulieri nequam*] *veniam* (*3 Hss.* venam, *1 Hs.* veniam ł venam) [*prodeundi, Eccli. 25,34*] Gl 1,576,1 (*8 Hss., 1 Hs.* antlâz; *zum lat. Lemma vgl. Davids, Bibelgl. S. 187*). zi gelaze [*nulla nos detractio ad iram provocet, atque*] *ad remissionem* [*inutilis gratiae nullus favor inclinet, Greg., Hom. I,6 p. 1454*] 2,263,3. gilaze [*cum mala voluntas potestatem accipit efficiendi quod cupit, ex*] *iudicio* [*dei venit, apud quem non est iniqui-*

tas, Prosp., Epigr. 47 Überschr.] 380,45. allero dingo meista . habo ih tir gerecchet fone gotes kelaze . den uuir flehoton fore *rem ... omnium maximam exegimus dei munere . quem dudum deprecamur* Nb 221,6 [178,23]. vuelfer leuuon ziehent sih uz mit ruode ... Vnde siu fone gote geuuunnen fuora . âne des kelaz in nieht uuerden nemag *catuli leonum rugientes ut ... quaerant a deo escam sibi* [*vgl. nisi permittente deo, Aug., En.*] NpNpw 103,21. etelih gratia dei . einuueder curationum . alde linguarum . alde prophetię . alde eteliches carismatis (kelazzis) Npgl 103,15 (Npw 16 gotes kebe); *ferner:* NpNpw 118 O,111. Npgl 91,5 (Np *donum*); *- spez. im Rechtsbereich: Überlassung:* gilaz [*ut esset firma*] *concessio* [, *solvebat homo calceamentum suum, et dabat proximo suo, hoc erat testimonium cessionis in Israel, Ruth 4,7*] Gl 1,391,8 (*vgl. Bibellex. Sp. 1040 f. 1491 f. s. vv. 'lösen', 'Schwagerehe'*).

2) *Verbindungsstück, -stelle:* gilaz [*ferrum quoque plurimum ad clavos ianuarum* (*des Tempels*), *et ad*] *commissuras* (*Hs. commissura*) [*atque iuncturas praeparavit David, 1. Paral. 22,3*] Gl 1,460,22. 462,37. zuo galaz *ad commis*[*s*]*uram* [*zu: nemo autem immittit*] *commissuram* [*panni rudis in vestimentum vetus, Matth. 9,16*] Mayer, Glossen S. 149,11; *von Gelenken* (?)*:* galaza *coniunctura* Gl 3,3,51 (*unter Bez. f. Körperteile; s. Formenteil*).

3) *Ende* (*von Wegen*)*:* ferit auuar uz in daz kalaz dero uuego enti so huuenan so ir findet ladot za bruthlaufte *ite ergo ad exitus viarum, et quoscumque inveneritis vocate ad nuptias* F 15,20.

Komp. lidugilâz.

-lâz[1] *vgl.* ab-, aba-, hant- (*s.* hantlâz[1]), lidulâz, *vgl. auch* ant-, urlâz.

lâz[2] *st. m.*; *mnd.* lat, *mnl.* laet, lat; *afries.* let; *ae.* læt; *got.* -lets; *vgl. mhd.* laʒʒe, *nhd.* (*älter*) lasse, *mnd.* lāte, *mnl.* late (*alle sw. m.*), *ae.* -læta. *- Graff II,299.*

laz: *nom. sg.* Gl 1,760,7. 2,354,30 = Wa 83,25. 3,371,17 (*Jd*). 4,204,32; *nom. pl.* -]a 3,645,26 (*Sg 184, 9. Jh.*).

1) *Freigelassener, Freier:* laz [*servus vocatus es? non sit tibi curae: sed et si potes fieri*] *liber* [, *magis utere, 1. Cor. 7,21*] Gl 1,760,7. laza *libertini* 3,645,26 (*1 Hs.* frîlâz, *1* frî). laz *libertus* 4,204,32.

2) *minderfreier Zinspflichtiger, Halbfreier* (*zur Bed. vgl. DRWb. 8,1348 ff. s. vv.* lito *u.* litus)*:* laz [*si quis servum suum tributarium aut*] *litum* (*Hs. litus*) [*fecerit, si quis eum interfecerit, 36 solidos culpabilis iudicetur, Lex Rib. 65,1 = 62,1 p. 117*] Gl 2,354,30 = Wa 83,25 (*zum Lemma vgl. Habel Sp. 224*). laz *collectarius* 3,371,17 (*darauf conductor agri idem; im Abschn. De rebus pistrini et horrei; zum Lemma vgl. Mlat. Wb. II,839,16 f.*).

Komp. hantlâz[2]; *vgl.* afterlâz.

-lâz[2] *vgl.* hantlâz[2], *vgl. auch* afterlâz.

-lâza[1] *vgl.* untarlâza.

lâza[2] (*st. sw.?*) *f. - Graff II,299 s. vv.* laza *u.* hůrrulazza.

lazza: *nom. sg.* Gl 1,344,41 (*2 Hss., darunter Sg 295, 9. Jh.*); laza: *dass.* 42 (*Sg 9, 9. Jh.*).

Hure, Dirne: huorra. lazza [*ne*] *prostituas* (*Hs. prostituta*) [*filiam tuam, ne contaminetur terra, et impleatur piaculo, Lev. 19,29*].

Vgl. huora.

lâzan *red. v., mhd.* lâʒen, lân, *nhd.* lassen; *as.* lâtan, *mnd.* lâten, *mnl.* laten; *afries.* leta; *ae.* lǽtan; *an.* láta; *got.* letan. *- Graff II,299 ff.*

Nb, Nc, Nk, Np, Nr -â(-), *wo nicht anders angegeben.*

Praes.: **lazz-:** *1. sg.* **-u** O 2,4,85 (*P*); **-en** W 48,11 (*BCFK*) [87,32/33] (*zur Endg. vgl. Franck, Afrk. Gr.*[2] *§ 199,1*); *2. sg.* **-est** Np 72,20. 79,6; *3. sg.* **-it** Gl 1,26,3 (*PaK*). S 66,3 (*Musp.*). 280,9 (*B*); **-et** Np 36,28. 42,2. 93,1. 4. 14 (2). Npgl 32,4. 79,6. W 51,5 (*B*) [95,22/23]; *1. pl.* **-e** Gl 1,785,47 (*M, clm 22201, 12. Jh.; zum fehlenden* -n *vgl.* Braune, Ahd. Gr.[15] *§ 307 Anm. 7, Paul, Mhd. Gr.*[23] *§ 240 Anm. 2*); *2. pl.* **-ent** Np 81,2; *3. pl.* **-ent** 37,8. 45,3. 48,11 (-a-). 93,Prooem. (2); *1. sg. conj.* **-e** 38,13; *2. sg. conj.* **-es** H 2,10,2; **-est** S 186,53. Np Orat. dom. 13 (*Hs. T = S.* XLVIII,16; -a-); *3. sg. conj.* **-e** Gl 2,97,25 (*2 Hss., darunter clm 14747, 9. Jh.*). S 231,6 (*B*). NpNpw 43,22 (= Npw 21; -a-). Np 90,12. 120,8; *2. sg. imp.* **-]** O 1,19,7 (*F*); *2. pl. imp.* **-et** T 101,1. 184,5. 185,6; **-ent** Np 6,9. 45,11. 61,11 (2). Npgl 58,14; *inf.* **-an** W 51,20 (*BF*) [97,18/19; *F fehlt*]; **-en** Np 118 T,151; **-in** S 361,139. Npgl 87,1; *dat. sg.* **-anne** Gl 2,472,35/36 (*2 Hss.; in 1 Hs.* l- *aus Rasur von* z-); **-enne** Npgl 87,6. 97,1; **-ene** 19,5; **laaz-:** *1. sg.* **-o** WA 48,11 (*zur Endg. vgl. Sanders, Leid. Will. S. 225. Anm. 605*); *2. sg. imp.* **-]** 137,10. 149,11; **laz-:** *1. sg.* **-u** O 2,4,85 (*V*). 4,13,7 (*FV*). 15,45 (*PV*). 47; **-o** Gl 1,809,61 (*M, 5 Hss.*). Nb 30,24 [25,5]. NpNpw 131,5. Np Cant. Deut. 20; **-e** Npw ebda.; **-]** O 1,19,25. 2,4,85 (*F*). 4,13,7 (*P*). 15,45 (*F*). Npgl 20,3 (*zur elidierten Endg. vgl.* Braune a. a. O. *§ 305 Anm. 3*); **-en** ZfdA. 62,36 (*zur Endg. vgl.* Franck a. a. O.); *2. sg.* **-es** W 101,9 [183,7]; **-ist** O 1,15,15; **-est** S 158,8 (-estu). NpNpw 9,Diaps. 1 (= Npw 9,23). 15,10. 20,11. 21,16. 24,22. 41,11. 43,10. Np 12,1; *3. sg.* **-it** Gl 1,26,3 (*Ra*). 2,137,21 (*M, 4 Hss.*). S 89,19 (*Sam., 10. Jh.*). O 2,12,96. 19,21. 23,21. 4,4,12. 5,23,36. 25,44. Ol 65. Npw 118 T,145. 124,3. 146,6. 147,17. Cant. Moysi 2. Nr 673,31 (= *S.* CLXXI,5) [161,26 (*Hs. H;* -a-)]; **-et** Nb 32,17. 44,22. 55,28. 85,22. 201,25. 286,4. 311,17. 341,30 [26,14. 36,7. 46,7. 74,6. 166,27. 220,12. 237,19. 258,6/7]. Nc 714,29. 802,19. 823,31 [31,17. 121,7. 143,6]. NpNpw 5,7 (= Npw 8). 9,Diaps. 4 (= Npw 9,26). 26,2. 28,9. 36,9. 33 (-a-). 109,2. Np 51,5. 54,23. 57,9. 10. 63,8. 80,13. 118 T,145. 124,3. 146,6. 147,17. Cant. Moysi 2. Npw 32,4. 36,28. 42,2. Nr 673,31 (*dazu S.* CLXXI,5) [161,26 (*Hs. D, Hs. G* laẑ&; *Ausgg.* -êt)]. W 51,5 (*CFK*). 106,18 (*BCFK*) [95,22/23. 193,13]; **-at** 51,5 (-a'). 106,18 (*beide A*); *1. pl.* **-emes** O 3,3,13 (*PV*); **-in** NpXgl 17,44 (*X = S.* VI,15/16); **-e** Npw 13,5 (*zum fehlenden* -n *vgl.* Braune a. a. O. *§ 307 Anm. 7, Paul a. a. O. § 240 Anm. 2*); *2. pl.* **-et** T 141,11; *3. pl.* **-ant** Gl 1,652,9 (*M, 4 Hss.*). 2,183,45 (*M*); **-ent** 1,652,10 (*M*). 2,183,45 (*M*). O 2,14,4. 19,28. 23,18. 3,7,40. 25,16. Nb 80,32 (*lat. conj.*). 89,22 [70,2. 77,25]. NpNpw 113,7'. Npw 37,8. 45,3. 48,12; **-an** Gl 2,183,44 (*M, 2 Hss.; oder inf.?*); *1. sg. conj.* **-e** Nb 295,29 [226,16]. Npw 38,13; *2. sg. conj.* **-es** Gl 1,216,8 (*Ra*). O 4,24,8; **-est** Np 77,19 [66,25] (-êst). Np Orat. dom. 13. Npw 26,9; *3. sg. conj.* **-e** Gl 2,97,26 (*clm 19417, 9. Jh.*). S 384,5. O 3,10,19. Nb 77,20. 157,2. 230,25. 270,26. 285,21 [66,25. 132,28. 185,23. 210,20. 220,5]. Nc 701,8. 719,26. 729,2. 812,1 [16,4. 36,14. 45,22. 131,1]. NpNpw 118 C,20. 124,3. Npw 120,8; **-a** S 384,3; *1. pl. conj.* **-ames** Gl 2,276,15 (*M*); **-emes** Mayer, Griffelgl. S. 65,251 (*Vat. Ottob. lat. 3295, 9. Jh.*); *2. pl. conj.* **-et** O 2,21,41; *3. pl. conj.* **-en** 4,58. 5,4,63. 7,64. Nb 240,9 [191,27] (-ên); *2. sg. imp.* **-]** Gl 1,216,8 (*K*). 719,48 (*Brüssel 18723, Gll. 10. Jh.*). 5,17,54 (*Augsb., Arch. 6, Gll. 10. Jh.*). S 40,24 (*Rez. 2*). T 14,2. 39,5. 51,3 (2). 4. 85,4. 208,5. O 1,1,41. 47. 48 (= *F* 47). 2,40. 12,27. 18,41 (*PV*). 19,7 (*DPV*). 25,11.

2,21,19. 22,25. 3,1,31. 10,22. 22,13. 24,21. 4,2,31. 15,27. 29,54. 31,20. 37,11. 12. 5,8,32. 44. 15,20. 34. 24,7. Oh 51. 52. 123. Ol 35. 94. NpNpw 24,19. 20. 27,1. 30,17 (= Npw 18; -a-). 33,14. 34,22 (-a-). 36,7 (-a-). 42,1. 101,25. 105,4. 142,8 (-a-). 11 (= Npw 12; -a-). Np 58,6. 68,25. 70,4 (-a-). 73,20. 78,6 (-a-). 84,9 (-a-). 89,3. 93,15. 108,2. 113,2'. 118 B,11. L,88. Npw Orat. dom. 13. W 137,10 (BCFK) [245,14]. 148,2 (A). 149,11 (BCFK) [261,20]; **-e** S 39,10 (*Rez. 1; schwach flekt.*); *2. pl. imp.* **-et** T 72,6. 84,7. 135,26. O 2,16,40. 21,8. 9. 43. 3,14,100. 4,23,14. Oh 153. Npw 2,10. 6,9. 30,25. 32,1. 33,4. 118 P,115. Cant. Annae 3; **-it** 118 V,161; **-ent** Nb 12,28 [10,21]. Np 2,10. 30,25. 32,1. 33,4. 118 P,115. Cant. Annae 3. Npw 45,11; *inf.* **-an** O 4,37,7. W 51,20 (*ACK*) [97,18/19]; **-en** Nc 745,14. 830,13 [60,21. 150,19]. Np 11,5; *dat. sg.* **-enne** Nb 66,12. 99,28 [56,2. 86,19]. NpNpw 50,6; **latz:** *2. sg. imp.* Gl 5,520,21 (*Gespr.; zu tz vgl. Braune a. a. O. § 90 Anm. 3, Haubrichs-Pfister, Stud. S. 54 f.*). – **lat-:** *2. pl.* **-ad** Gl 2,583,31 = Wa 97,30 (*Düsseld. F. 1, 9. oder 10. Jh. (?); lat. conj.*); *inf.* **-an** 4,289,22 = Wa 50,19 (*Ess. Ev., Gll. 10. Jh.*). – *Kurzform in der 2. Pers. Sing. Imp.* (*vgl. Braune a. a. O. § 351 Anm. 2, Paul a. a. O. § 287*): **la:** Gl 2,636,50. 654,43. S 106,24. O 1,18,41 (*F*). Nb 50,15 (2). 62,32. 148,7. 168,19. 232,12 [40,19 (2). 52,24. 125,21. 142,6. 186,23]. Nc 794,1 [112,2]. NpNpw 7,7 (= Npw 6). 34,19 (2). 36,4 (-a-). 8. 34. 38,5 (-a-). 101,24. 118 F,43. P,116. R,134 (-a-). 120,3. Np 53,7. 58,12. 85,6. 95,6. Npw 113,2'. 118 B,11. L,88. W 148,2 (*BCFK*) [259,9].

Praet.: **liezz-:** *2. sg.* **-e** Np 41,10; *3. pl.* **-en** 105,33. 128,8; *3. sg. conj.* **-i** T 147,8; **-e** Thoma, Glossen S. 10,4; **liaz:** *1. sg.* S 332,16. O 5,25,34; *3. sg.* 1,10,12. 23,9. 2,6,11 (*FPV*). 32. 3,12,15. 4,19,44. 33,2. 5. 6. 25. 37. 5,4,46. 56. 21,6. Ol 49; *3. pl.* **-]un** O 1,22,10. 3,21,10. 4,17,28. 24,34. 5,6,17. 72; *3. sg. conj.* **-]i** 3,17,27. 4,7,58. 22,16 (*PV*); **liez:** *1. sg.* Np 68,5. 80,13; *2. sg.* **-]e** 65,12. Npw 41,10; *3. sg.* **-]** Gl 1,404,62 (*M, 6 Hss.*). 2,626,37. 644,67. S 121,13. T 14,2. 53,13. 60,11. 63,3. 117,3. Nb 34,16. 123,4. 155,28. 29 [28,5. 106,9. 131,29. 30]. NpNpw 104,14. 106,41. 113,16'. 117,18. Cant. Mariae 53. Np 63,3. 65,9. 20. 77,16. 38. 64. 117,13. Npgl 87,1; *3. pl.* **-]en** Nc 695,24 [10,10]. NpNpw 16,14. 114,3. Np 53,5. Npw 105,33. 128,8; *1. sg. conj.* **-]e** Nb 35,9 [28,23]; *2. sg. conj.* **-]îst** 56,25 [47,1]; *3. sg. conj.* **-]e** 18,17 [15,4]. Nc 784,11 [101,14]; *3. pl. conj.* **-]in** 845,25 [169,2] (-în). Np 23,9; **-]en** Npw ebda.; **lietz:** *3. sg.* S 85,11 (*Ludw.; zu -tz vgl. Braune a. a. O. § 90 Anm. 3*). – **lęttun:** *3. pl.* S 7,63 (*Hildebr.; zu -tt- vgl. a. a. O. § 160 Anm. 2*).

Part. Praet.: **ki-lazz-en:** Gl 2,390,20; **ke-:** 526,58 (*Bern 264, 9. Jh.*). Np 111,2. Npgl 103,15; **-in** 83,1; **gi-:** Gl 1,439,58 (*M, clm 22201, 12. Jh.*); *lat. nom. pl. m.*); **ge- -en:** Np 103,26; **lazz-enemo:** *dat. sg. m. n.* Gl 2,553,23 (*zum fehlenden Präfix gi- vgl. Braune a. a. O. § 323 Anm. 3; anders Gl.-Wortsch. 5,482 (s. v. fir-lâzan*)); **ke-laz-en:** Grdf. S 157,11. Nb 226,10. 288,10. 289,30. 293,15. 311,13. 27. 312,3. 343,10 (-ên, *vgl. dazu WSB 109,235. 245*). 13 [182,11. 221,24/25. 222,25. 225,5. 237,16. 25. 29. 259,3. 5]. Nc 697,20. 714,22 [12,9. 31,12]. Nk 373,22 [11,16]. Np 144,2. 148,14. Npw 103,26. 111,2; **gi- -an:** Gl 2,755,54. AfdA. 79,105 (*clm 28118, Gll. 10. Jh.*); *nom. sg. m.* **-]er** Gl 2,1,10; **-en:** *Grdf.* Npw 119,3. 144,2. 148,16 (2). Cant. Mariae 50; **ge-:** Nb 146,28. 231,24. 311,12. 26. 343,19/20. 27 [124,27. 186,12. 237,16. 25. 259,9. 14]. Nc 715,30. 834,3 [32,20. 155,1]. Nk 452,14 [97,10]. Np 61,6. 119,3 (*X* = S. XII,15; *X* -a-). 148,14. Cant. Mariae 50. Npw 12,3. 118 D,29; *acc. sg. f.* **-]a** Nc 693,10/11 [7,10]; *acc. pl. f.* **-]e** 811,30 [131,1]. – **g-lass-anem:** *dat. pl.* Mayer, Glossen S. 72,12 (*clm 6263, 9. Jh.; oder verschr. für dat. sg.?*

Vgl. I 5d); **-in:** *Grdf.* 6,13. – [**i-letene:** *acc. pl. m. n.* Wa 70,10/11].

Verschrieben: **lazzen:** *2. pl. imp.* Np 94,1 (*ohne -t*); **laz-:** *1. pl.* **-emus** O 3,3,13 (*F; statt -umes?*); *1. pl. imp.* (*adh.*) **-amen** Gl 2,665,5; *2. sg. prt.?* **-]** O 4,24,6 (*für liazi mit elidiertem Schlußvokal; oder für lâzis 2. sg.? Vgl. Erdm. S. 454*).

Konjektur: **lazen:** *inf.* S 158,5b,4.

lazzit Gl 1,88,30 (*K*), *korr. zu nent*lazzit (*vgl. Splett, Stud. S. 153*), *s. ni u.* int-lâzan.

I. lâzan *als selbständiges Verb:*

1) *etw., jmdn. (in einem best. Zustand) von sich lassen, los-, ent-, freilassen, (weg)gehen lassen, fortschicken (von irgendwo/nach irgendwohin); vgl.* 8:

a) *mit Akk. d. Pers./abstr. Akk., eigentl. u. übertr.:* lazet sie (*die Pharisäer*), sie sint blinte *sinite illos: caeci sunt* T 84,7. quati er, man sia (*die Ehebrecherin*) liazi O 3,17,27. ungezuhta ęqualitatem dei . liez ih kerno . formam serui accipiens [*vgl. semetipsum exinanivit, Aug., En.*] Np 68,5; *ferner:* T 101,1 (*sinere*); – *in den Verbindungen* (sîna) sêla lâzan; then/sînan lîb lâzan: so liaz er sela sina in sines selben fater hant [*vgl. tradidit spiritum, Joh. 19,30*] O 4,33,25 (*mit Präp. verb., vgl. c*). diuinitas scirmda imo . daz imo nieman nezuhta sina sela . nube er selbo liez sia gerno . unde frumeta sia dara er uuolta [*vgl. habens in potestate ponendi animam suam et iterum sumendi eam, Cass.*] Np 63,3, *z. gl. St.* vuanda nehein anderer neuuas potestatem habens ponendi animam suam . et iterum sumendi eam (keuual habinde sinin lib zelazzenne unde aber uuider zenemenne) Npgl 87,6. 97,1. animam pro amicis ponere (sela umbe friunt zelazzene) 19,5 (Npw *ze legenne); ferner:* 87,1 (2; *beide* Np *animam ponere*);

b) *mit Akk. d. Pers. u. prädik. Best. im Akk., eigentl. u. übertr.: mit prädik. Adj./Part.:* cuotes kesatota er hungerge . die richen liez er lare *divites dimisit inanes* NpNpw Cant. Mariae 53. si dimiserimus eum . uiuum seculum post illum uadit (vbe wir in lazin lebenden div werlt gat alliv nah ime) NpXgl 17,44 (*X = S.* VI,15/16; Npgl lazen ... hina, Npw uerlazen); *mit Akk. d. Pers. u. Adv.* sus/sô: then liut spuan urheizes, thu sus inan nu lazes? O 4,24,8. laze uuir in so, so gloubent si alla in in Npw 13,5 (Np *dimittimus,* Npgl lazen ... hina); *mit folg. Präp. verb.* (*vgl. c*), *in der Verbindung* in heila hant lâzan *unversehrt, ungestraft entlassen:* thih zihen unhuldi ..., thaz thu sus laz (*für* liazi *oder* lâzis (?), *s. Formenteil*) in heila hant thes keiseres fiant [*vgl. si hunc dimittis, non es amicus Caesaris, Marg. nach Joh. 19,12*] O 4,24,6;

c) *mit Akk. u. Präp. verb., eigentl. u. übertr.:* la mitte [*in Venerem pecuaria primus, Verg., G. III,64*] Gl 2,636,50. liez [*unda accepit (Aristäus, den Sohn der Nymphe Cyrene) ...*] *misit* [*-que sub amnem, ebda. IV,362*] 644,67. gilazan uuart [*rursum (Avitianus)*] *solvitur* [*in soporem, Sulp. Sev., Mart. 3,4 p. 202,18*] 755,54. thia fruma liazun sie fon O 4,24,34. ir (*der Knechte*) nechein nelazet sin suert uone sinemo diehe durh die nahtuorhta W 51,5 [95,22/23], *ähnl.* 20 [97,18/19]; *ferner:* 48,11 [87,32/33] (*dimittere*);

d) *im Part. Praet., übertr.: zügellos, locker:* gilazzin [*sed et*] *effeminati* (Hs. effrenati) [*fuerunt in terra* (sc. *Iuda*), *feceruntque omnes abominationes gen-*

tium, 3. Reg. 14,24] Gl 1,439,58 *(3 Hss.* huorôn, *davon 2 effeminati, 1 Hs.* effrenati). lazzenemo biduinge [*Iesus ... qui corpus istud molle naturaliter captumque*] *laxo* [*sub voluptatum*] *iugo* [*virtutis arta lege fecit liberum, Prud., H. ieiun. (VII) 182*] 2,553,23.

2) *etw. (von irgendwo) hervorkommen lassen, etw. (auch: jmdn.) (irgendwohin) fließen lassen:*

a) *mit Akk. d. Sache, auch in einem Bilde:* fernim uues sie *(d. h.* mine trane) biten . uuarumbe ih sie lazze NpNpw 38,13. vzer Syon lazet got die gerta dinero chrefte *virgam virtutis tuae emittet dominus ex Syon* 109,2;

b) *mit Akk. d. Sache/Pers. u. Präp.verb., auch in einem Bilde:* uuazzer liez er uzzer demo steine *eduxit aquam de petra* Np 77,16. ecclesię dei sint torcularia ... Dar sint inne Christiani . die in pressuris manigero persecutionum getrotot uuerdent . unde dannan uuerdent liquati in apothecas dei (kelazzin in gotes chellirfaz) Npgl 83,1;

c) *mit Akk. d. Sache u. Dat. d. Pers.:* in der Verbindung bluot lâzan *das Blut fließen lassen, zur Ader lassen:* taranah kuan er *(Nero)* den medicum . der imo *(dem Seneca)* bluot liez in demo bade [*vgl. venam utriusque bracchii fecit indici, Rem.*] Nb 155,29 [131,30]; *mit Ellipse des Akk. (?):* siuuelich man odor wib firgihdigod uuerde. zeseuuen halbun. so laza man imo in dero uuinsterun hende an demo ballen des minnisten uingeres S 384,3; *ferner:* 5.

3) *etw. (unter)lassen, sein lassen, bleibenlassen (vgl. auch* uuesan/sîn lâzan, stân lâzan *unter* II 2):

a) *mit abstr. (pronom.) Akk.:* starche suohton mina sela ... Durh in *(Gott)* neliezen sie iz Np 53,5; *ferner:* 11,5; *in der Verbindung* tuon alde lâzan: in dero deliberatione ... ube daz unde daz zetuonne si . alde zelazenne Nb 99,28 [86,19]; *ferner:* 66,12 [56,2]; – *im Imp. ohne Akk. (?):* lâz nû *(vgl. auch* 5aα)/lâzet unzan nû: lazzet unzan nu. Inti mit diu her rein sin ora, heiltaz *sinite usque huc* T 185,6. laz nu, gisehemes oba come Helias losenti inan *sine, videamus an veniat Helias liberans eum* 208,5 *(vgl. auch* Gl 5,17,54. 1,719,48 stân lâzan *unter* II 2);

b) *mit Objektsatz:* ni lazet, ni ir gihugget joh mir ginada thigget ... zi selben sancti Gallen Oh 153.

4) *jmdn., etw. (in, zu etw.) (hin)zu-, heran-, herein-, (sich (hin))einlassen:*

a) *mit Akk. d. Pers. (auch von Tieren):* mit thiu her tho arsteig in skef, bat in ther man fon themo thie diuuala uzgiengun, thaz her mit imo uuari, inti ni liez in *non ammisit eum* T 53,13. tumb mennisco der siu *(die Götzenbilder)* betot ... so lang *(die Menschen)* die muse unde die sparen darumbe nelazent . sie nenisten in in NpNpw 113,7'; *ferner:* T 14,2 *(dimittere);*

b) *mit Akk. (auch Objektsatz mit korrelativem Pron.) u. Präp.verb./Adv. (als Richtungsangabe), eigentl. u. übertr.:* lazze wir [*si autem equis frena in ora*] *mittimus* [*ad consentiendum nobis, et omne corpus illorum circumferimus, Jac. 3,3*] Gl 1,785,47 *(4 Hss.* leggen). taz in nioman ze rehte neliez, taz uuart ze leibe umbe sina deumuoti S 121,13. *(Gott)* gihugit, thaz er her iz liaz, thaz er in ofto gihiaz *(d. h. das Kommen des Messias)* O 1,10,12 *(zur Übers. vgl. Erdm. S. 362)*. tie proportiones fone dien si (tiu sela) coniuncta ist . tie lazet sie gerno zu iro Nb 341,30 [258,6/7]. nequitia ... nelazet sie *(die Bösen)* sar darain *(d. h. in Gottes Burg)* NpNpw 36,9. so nelaz dina zungun ze arge (Npw gesprechen) duuing iro *cohibe linguam tuam a malo* Np 33,14 (Npw s. *unter* II 1a); *ferner:* O 4,31,20. Nb 34,16. 35,9 *(locus est)* [28,5. 23]. NpNpw 5,7 (= Npw 8). 28,9;

c) *mit abstr. Akk. u. Präp.verb. (als Richtungsangabe) u. Dat. d. Pers., übertr.:* ni laz thir innan thina brust arges willen gilust O 1,12,27; *ferner:* 18,41;

d) *in best. Verbindungen:* sih thara lâzan *sich einer Sache zuwenden:* zi demo laze. daz uuir unsih dara ni lazames [*nulla nos detractio ad iram provocet, atque*] *ad remissionem* [*inutilis gratiae nullus favor inclinet, Greg., Hom. I,6 p. 1454*] Gl 2,276,15 *(3 Hss.* nur zi themo lâze, *2* zi themo lâze. thaz uuir unsih thara ni gilâzamês); – in fiera lâzan *beiseite lassen, mit abstr. Akk.:* zel in ..., thaz lazen sie ... thia ungilouba in fiara O 5,7,64; – (sih) in (sîn) muot lâzan *ins Herz schließen, (sich) in den Sinn kommen lassen (vgl. auch* sih in muot queman lâzan *unter* II 1a), *bedacht sein auf, mit Objektsatz:* thaz er *(der Mensch)* hiar minnot gerno, ... in muat so diofo lazit O 5,23,36; *mit abstr. Akk./Akk. d. Pers. u. refl. Dat.:* ni laz thir in muat thin thio dat, thio guoto ni sin Oh 51; *ferner:* O 5,4,63; *mit Objektsatz (u. korrelativem Pron.) u. refl. Dat.:* selb thie suntigun man: sie lazent in io then in muat, so wer so in liobes filu duat 2,19,28. ob ir in muat iu lazet, thaz sunta ir io bilazet 21,41; *ferner:* Oh 123; – in uuaga lâzan *wanken lassen, mit Akk. d. Sache:* in uuaga neliez er mine fuozze *non dedit in commotionem pedes meos* Np 65,9.

5) *etw. zulassen, (jmdm./einer Sache) etw. gestatten, zugestehen, gewähren (vgl.* 6, *vgl. auch die anderen Konstruktionen unter* II 1):

a) *mit Akk. ((auch nach abstr. Subj.) u. prädik. Best. im Akk. u. Dat. d. Pers./Sache):*

α) *mit abstr. Akk.:* dei dar ni vvarun zi lazzanne *(1 Hs.* nur zi lazzane) [*sic adfata pios Roma exoravit alumpnos, spernere legatum*] *non admittenda* (*quae sunt; Glosse: non recipienda*) [*petentem, Prud., Symm. II,770*] Gl 2,472,35/36. [iletene [*qui vero haec quae*] *permissa* (*Hs.* p̄missa, *korr. aus* pmissa) [*sunt iuxta quod possibilitas subpetit agere rennuerit, Konz. CXVII, vgl. Gallée, Sprachdenkm. S. 240. Anm. 6*] Wa 70,10/11 (*lat. Verbform als substant. Part. übers.*).] sid tu sihest chriutelih ... an dero stete uuahsen ... dar iz nieht kahes erdorren nemag . noh zegan . so filo iz tiu natura lazet *ubi quantum earum natura queat . cito exarescere atque interire non possint* Nb 201,25 [166,27]. tanne allero saldolih vuunnesamiu . ioh arbeitsamiv . umbe daz kelazen uuerde . taz si guoten lonoe . alde sie beize . unde ubele ingelte . alde bezeroe *cum omnis fortuna . iocunda vel aspera . tum remunerandi exercendive bonos . tum puniendi corrigendive improbos . causa deferatur* 293,15 [225,5]. du gestritest dinen geheiz zetuonne . so du irteilet uuerdest . mit rehte den zelazenne NpNpw 50,6; – *mit Ellipse des Akk. (?):* latad [*si vos*] *sinatis* [*, incruente vivimus, Prud., P. Rom. (X) 1094*] Gl 2,583,31 = Wa 97,30; *in bruchstückhafter Übers.:* .. ni lazze .. *si potest fieri omnes in uno loco dormiant; si autem multitudo non sinet deni aut vigeni cum senioribus ... pausent* S 231,6; – *im Imp. ohne Akk. (?):* la [*laeva stringat*] *sine* [*palmula cautes, Verg., A. V,163*] Gl 2,654,43. laz nu, so gilimphit uns zi gifullenne al reht *sine modo* T 14,2 *(vgl. auch* 3a *u.* O 1,25,11 *unter* II 1a); *ferner:* 39,5 *(sinere);*

β) *mit abstr. Akk. u. Dat. d. Pers. (auch von Tieren; auch als Attributsatz mit korrelativem Pron.)/Sa-*

che: gilazaner [*maior adhuc etiam saevo*] *permissa* [*potestas, Av., Poem. lib. 2,73*] Gl 2,1,10. lazemes [*nunc definimus ut eis decem annorum tempus secundum praefixos gradus poenitentiae*] *largiamur* [*Halitg., De vitiis IV,3, PL 105,681B*] Mayer, Griffelgl. S. 65,251. uuanda er (der mennisco) ... neuueiz, ube imo diu riuua ... kelazen uuerde in sinera hinaferti S 157,11. dien gelazen ist pechenneda ubeles unde guotes . tien ist kelazen geuualt tero uueli *quibus in ipsis inest ratio . inest etiam libertas . volendi et nolendi* Nb 311,26. 27 [237,25 (2)]. misseliche sinna . sint kelazen misselichen substantiis *cessere multiplices cognitiones . diversis ac differentibus substantiis* 343,10 [259,3]. anderen lebenden . unde vuallonten (*animalibus*) . ist tarazuo gelazen imaginatio 19/20 [259,9]. tanne ... dia geba dero uuerlte gelazena . uuito marti diu gezungela mennisgheit *cum ... id deditum* (*vgl.* K.-T. 4,7 Anm., Ausg. *debitum*) *mundo loquax humanitas triviatim dissultaret* [*vgl. deditum ... .i. concessum et traditum, Rem.*] Nc 693,10/11 [7,10]. vuaz uuirt dir gelazen . unde uuaz uuirt dir gagenstellet ... gagen so bisuichlichen uuorten? *quid dabitur* (Npw *detur*) *tibi et quid apponetur tibi ad linguam dolosam?* NpNpw 119,3. uuante siu (*die Ecclesia*) neheine lucchon nelazet den malignis spiritibus W 106,18 [193,13], *ähnl.* 101,9 [183,7]; *in den Verbindungen* muoza/frist lâzan *Gelegenheit/Zeit lassen:* got ... pinim du mo daz scefti, nela du mos de muozze, daz er mih se aneskiozze S 106,24. ni lazent thie arabeit es (*d. h. in bezug auf die Ermüdung*) frist themo, warlicho man ist O 2,14,4; – *ferner:* Nb 146,28 (*adiungere*). 231,24 (*adesse*). 288,10 (*permittere*). 311,12 (*uti posse*). 13 (*habere*). 312,3 (*praesto esse*). 343,13 (*cedere*). 27 [124,27. 186,12. 221,24/25. 237,16 (2). 29. 259,5. 14]. Nc 697,20. 715,30 (*dare*) [12,9. 32,20]. NpNpw 23,9. 111,2. 128,8. 131,5 (*dare*). 148,14 (= Npw 16). Cant. Mariae 50. Np 61,6;

γ) *mit Akk. u. prädik. Best. im Akk. u. Dat. d. Pers.: mit prädik. Adj.:* in ni liaz si (*die Sonne*) nuzzi thaz sconaz annuzzi O 4,33,5 (*PV,* zi nuzze *F, vgl.* 6b); – *mit prädik. Subst.:* (*Jesus zu Martha:*) ni laz thir iz ... ser, irstentit ther thin bruader O 3,24,21;

b) *mit Objektsatz:* (*Jesus*) ni liez thaz einig fuorti faz thuruh thaz tempal *non sinebat ut quisquam transferret vas per templum* T 117,3. sih ube ih umbe dero liuto uuan laze . ih nesagee . daz in ungloublih ist Nb 295,29 [226,16];

c) *im unpersönl. passivischen Ausdruck* ist/uuirdit gilâzan (*es*) *ist/wird jmdm., einer Sache etw. zu tun gestattet:*

α) *mit Inf.-Konstr./zi + flekt. Inf. (von trans. Verben mit folg. Akk. oder Objektsatz/von intrans. Verben) u. Dat. d. Pers./abstr. Dat.:* kilazzen [*documentum, quo voluit nos scire deus, quod sequendum est, sub nostra ditione situm passimque*] *remissum* [*, alterutrum calcare viam, Prud., Ham. 771*] Gl 2,390,20. 526,58 (*beide mit lat. Präp.verb. statt Dat. d. Pers.*). noh menniskon neist nieht kelazen zeuuizenne alde zegeredonne alle gotes rustunga *neque enim fas est homini . vel comprehendere ingenio . vel explicare sermone . cunctas divinae operae machinas* Nb 289,30 [222,25]. uns (*den Göttern*) ist aber kelazen foreuuizen diu ding *at nobis praescire vacuum est* Nc 714,22 [31,12]. fone diu ist kelazen einluzzen accidentibus . an einluzzen substantiis uuesen Nk 373,22 [11,16]. allen sinen heiligon uuirdet ymnus kelazen zesingenne NpNpw 148,14 (= Npw 16). gnade mir ... mit dere e dere gloube, diu uns gelazen ist durh die gnada zetuonne, diu uuir uone uns selben getuon nemahtin [*vgl. haec est lex fidei, qua credimus et oramus per gratiam nobis donari, ut faciamus quod per nosmetipsos implere non possumus, Aug., En.*] Npw 118 D,29 (Np diu uns ... gelazet ... zetuonne); *ferner:* Nb 226,10 [182,11];

β) *mit Subjektsatz u. Dat. d. Pers. (auch als Attributsatz mit korrelativem Pron.):* hinnan ist tir (*Sol*) gelazen . daz tu muost kan . an dero fierdun stete *quod quarto ius est decurrere circo* [*vgl. ius .i. ratio vel potestas, Rem.*] Nc 834,3 [155,1]. der dih hier uuirdigo lobot . demo uuirt kelazen . daz er dih lobot euuigo NpNpw 144,2; *ferner:* 103,26;

d) *im abs. Dat.:* glassanem [*sed*] *concessa* [*potestate praedicationis, concessis virtutum miraculis, quid redemptor noster subiungat audiamus, Greg., Hom. I,4, PL 76,1091B*] Mayer, Glossen S. 72,12;

e) *in Glossen ohne erkennbare Rektion:* ni lazzit *arcit* Gl 1,26,3 ('verhindern'). ni laz (*K,* ni lazes *Ra*) *ne sinas* 216,8.

6) *jmdm./einer Sache jmdn., etw. überlassen, (über)geben* (*vgl.* 5, *auch* stân lâzan *unter* II 2):

a) *mit Dat. d. Pers. (auch als Attributsatz mit korrelativem Pron.) u. Akk. d. Pers./abstr. Akk. (auch mit korrelativem Pron.), eigentl. u. übertr.:* liez [(*dem Cäsar als neuem Gestirn*) *ardens Scorpius ... caeli iusta plus parte*] *relinquit* (Hs. *reliquit, vgl. Laa.*) [*Verg., G. I,35*] Gl 2,626,37. uuanda nelazestu mih *minemo* urteilare *quid ... iudici me deo dimittis?* S 158,8 (*zum Lat. vgl. Beitr. 63,276*). thia gilouba, ih sagen thir war, thia laz ih themo, iz lisit thar O 1,19,25. bi thiu laz thia sorga ... themo, thih sulichan giduat [*vgl. nolite ergo soliciti esse, Matth. 6,31*] 2,22,25. (thes lantliutes menigi) quad, war in liob joh suazi, man Barabban in liazi [*vgl. dimitte nobis Barrabam, Luc. 23,18*] 4,22,16 (*PV,* fliazi *F*). rumendo nam si (*fortuna*) ze sih . tie iro . tie dine liez sie dir *discedens . suos abstulit . tuos reliquit* Nb 123,4 [106,9]. âne daz er (*der Orkus*) imo gelazene animas . nelaze inpunitas Nc 811,30 [131,1]; *ferner:* O 2,21,19; *mit Präp.verb. statt Dat. d. Pers. u. abstr. (pronom.) Akk.:* that hui it san ni dômian . neuan that hui it te godes dôma latan *ne ... cito iuditialem sententiam proferamus, sed deo iudici terminum reservemus* [*zu: sinite utraque crescere*] *usque ad messem* [*Matth. 13,30*] Gl 4,289,22 = Wa 50,19;

b) *mit Dat. d. Pers./Sache u. Akk. (u. Präp.verb. als Zweck- oder Zielangabe), eigentl. u. übertr.:* uuerdunt gilazan [(*von Gott*) *nobis propter emendationem malorum huius vitae dies ad indutias*] *relaxantur* [*Reg. S. Ben. Prol. p. 6,96*] AfdA. 79,105. in ni liaz si zi nuzze daz schona antluzze O 4,33,5 (*F,* nuzzi *PV, vgl.* 5aγ). liezist tu dinen segel demo uuinde ze geuualte . so nefuorist tu nieht tara du uuoltist *si committeres vela ventis . non promoveres quo voluntas peteret* Nb 56,25 [47,1]. vnicviqve datvr manifestatio spiritvs ad vtilitatem (einimo iegelichen uuirt kelazzen dis keistis offenunga ze nuzzedo) Npgl 103,15; *ferner:* Npw 12,3; *in den Verbindungen* zi/untar henti lâzan: thiz lazu ih ... zi henti, zi thineru giuelti [*vgl. haec omnia tibi dabo, Marg. nach Matth. 4,9*] O 2,4,85 (*mit Ellipse des Dat. d. Pers.?*). aber got nelazet in imo (*den Gerechten dem Sündigen*) under hende . uuanda er negibet imo neheinen geuualt . an sinero selo *dominus autem non derelinquet eum in manus eius* NpNpw 36,33; *mit* zi + *flekt. Inf.:* doctores doctorum liez er imo selbemo zelerenne ... carnales ... cab er zelerenne filiis hominum 113,16'; –

hierher vielleicht: er nelazet den geuualt dero sundigon . uber den teil dero rehton *non derelinquet* (Npw *relinquet*) *virgam peccatorum super sortem iustorum* NpNpw 124,3;

c) *im unpersönl. passivischen Ausdruck ist gilâzan (es) ist jmdm. zu tun überlassen: mit Dat. d. Pers. u. zi + flekt. Inf. (eines trans. Verbs mit Akk.):* sunder daz sie maht eigin . unde in gelazen si . daz unde daz samfto zetuonne . alde sieh . alde gesunt zesinne Nk 452,14 [97,10].

7) *(jmdm.) etw. (als Erbe) hinterlassen:*

a) *mit abstr. Akk./Akk. d. Sache u. Dat. d. Pers.:* ih laz iu ... gibot alaniuuaz [*vgl. mandatum novum do vobis, Joh. 13,34*] O 4,13,7 (*P,* ih lazu *FV, s.* c). fremiden lazzent sie (*d. h.* der unuuiso unde der gouh) iro rihtuoma *relinquent alienis divitias suas* NpNpw 48,11 (= Npw 12). pacem meam do vobis (minin urido gibich iu) . pacem relinqvo vobis (frido laz ih iu) Npgl 20,3 (Npw senti); *mit Präp. verb. statt Dat. d. Pers.:* fridu lazu ih mit iu [*vgl. pacem relinquo vobis, Marg. nach Joh. 14,27*] O 4,15,45;

b) *mit Objektsatz u. Dat. d. Pers.:* (die Feinde) liezen iro chinden . daz sie leibton *dimiserunt reliquias suas parvulis suis* NpNpw 16,14;

c) *mit abstr. Akk.:* ih lazu ... gibot alaniwaz [*vgl. mandatum novum do vobis, Joh. 13,34*] O 4,13,7 (*FV,* ih laz iu *P, s.* a).

8) *etw. (von Konkretem u. Abstr.), jmdn. verlassen, im Stich lassen, aufgeben (auch nach Sachsubj.; vgl.* 1, *auch* fallan lâzan, faran lâzan, sîn lâzan *unter* II 2): sulen uuir cheden . daz sie uuizende unde uuellende . daz kuot lazen ...? *an scientes volentesque bonum deserunt ...?* Nb 240,9 [191,27]. darumbe nelazzent (*die Gestirne*) iro itinera . so nelazzent ouh die . die cęlestes sint [*vgl. nec deviant desuper stellae fixae in caelo, Aug., En.*] Np 93,Prooem. du nelazest mih *ne derelinquas me* Npw 26,9 (Np ferlazest); *ferner:* Nb 77,19 (*deserere*). 20. 89,22 (*relinquere*) [66,25 (2). 77,25]. NpNpw 45,3. Np 93,14 (*derelinquere*); – *mit Ellipse des Akk. d. Sache (?):* darumbe nelazzent (*die Gestirne*) iro itinera . so nelazzent ouh die . die cęlestes sint (*sc.* iro itinera) Np 93,Prooem.

9) *etw., jmdn. (an einem Ort/in einem best. Zustand (zurück))lassen, belassen (vgl. auch* sîn lâzan, follastân lâzan *unter* II 2):

a) *mit abstr. (pronom.) Akk. u. partitivem Gen., übertr.:* ni liaz wiht er thar thes sines O 5,4,56. (*Gott*) nelazzet nieht ungerihtes NpNpw 36,28; *ferner:* Np 93,1;

b) *mit Akk. u. prädik. Best. im Akk., eigentl. u. übertr.: mit prädik. Adj./Part.: (Joseph u. Maria)* then einegon sun goumilosan liazun O 1,22,10. ni liaz (*der Vorhang im Tempel*) es wiht bithekit 4,33,37. (*in einem Bilde:*) thie senchelchrapfen fasto haftent . tie nu . unde hinafure dih nelazent . ungetrosten *quae nec praesentis solamen . nec futuri temporis spem abesse patiantur* Nb 80,32 [70,2]. âne daz er (*der Orkus*) imo gelazene animas . nelaze inpunitas [*vgl. quod nullam animam sine poena dimittat, Rem.*] Nc 812,1 [131,1]. danne mih mer freuuen solta iustitia dei . diu nehein unreht ungeandot nelazzet? NpNpw 42,2; *ferner:* O 3,25,16. 4,19,44. 5,4,46. Nc 830,13 [150,19] (*transire*). NpNpw 43,10. Cant. Deut. 20; *in der Verbindung* untarmuori lâzan *zögern: (der Engel zu Joseph:)* ni laz iz ny untarmuari, thia muater thara fuari O 1,19,7; *erw. mit refl. Dat.: (Jesus zu den Jüngern:)* iu lazet unthrata thero woroltliuto miata 3,14,100. 5,6,17. 25,34; – *mit Adv. statt prädik. starktonigem Numerale:* then meistar io meino liazun sie (*die Jünger*) thar eino [*vgl. omnes relicto eo fugerunt, Matth. 26,56*] O 4,17,28 (*zum Adv. vgl. Erdm. S. 450*); – *mit prädik. Subst.:* ni lazu ih iuih weison [*vgl. non relinquam vos orphanos, Marg. nach Joh. 14,18*] O 4,15,47;

c) *mit Akk. u. Präp. verb. (als Orts- oder Zustandsangabe), eigentl. u. übertr.:* liezze [(*Iacob*) virgas ... *ex parte decorticans, varium virgarum fecit colorem, ut ubicunque in virga corticem*] *reliquisset* [*antiquus permaneret color, Comm. in Gen., PL 107,603B*] Thoma, Glossen S. 10,4. (*in einem Bilde:*) so iz (daz muot) knuog ho gestiget . ten uzerosten himel under imo laze *relinquat polum extimum* Nb 230,25 [185,23]. dero solichon chunne sazta er also scaf . uuanda er sie âne hirte neliez NpNpw 106,41; *ferner:* 9,Diaps. 1 (= Npw 9,23). 15,10 (*derelinquere*); – *erw. mit refl. Dat., in der Verbindung* in muote lâzan (*vgl. auch* d): ni liaz er imo ... in themo muate then haz Ol 49;

d) *mit Objektsatz (u. korrelativem Pron.) u. prädik. Adj. im Akk. u. refl. Dat., übertr.: (die Juden)* in liazun umbiruah thaz in zaltun thio buah O 5,6,72; *in der Verbindung* in muote lâzan (*vgl. auch* c): in muate laz thir iz heiz, thaz ih thinan namon weiz 8,44, *ähnl.* 32.

II. lâzan *nach Art eines Hilfsverbs mit Inf. eines weiteren Verbs (auch Passiv, vgl.* 1a. c):

1) *mit Akk. m. Inf.: etw. geschehen lassen, jmdn. etw. tun lassen; etw., jmdn. etw./jmdn. sein lassen, (zu) etw. werden lassen, etw., jmdn. irgendwo/irgendwie sein lassen, existieren lassen; etw. zu geschehen, zu tun veranlassen (beim Inf. von trans. Verben (auch mit folg. Akk. oder Objektsatz)/beim Inf. von intrans. Verben (auch mit folg. Gen. oder Objektsatz)/beim Inf. von unpersönl. Verben); vgl. auch die anderen Konstruktionen unter* I 5;

a) *mit Akk. (auch mit korrelativem Pron.) m. Inf. (auch Passiv; auch nach abstr. Subj.):* lepan ni (*3 Hss.,* 3 nieth) liez [*virum et mulierem*] *non vivificabat* (*1 Hs.,* 5 Hss. *-vit*) [*David, 1. Reg. 27,11*] Gl 1,404,62 (*1 Hs.* niouuiht lîbhaftîgôn). vuahsan lazant [*neque (sacerdotes) comam*] *nutrient* [: *sed tondentes attondent capita sua, Ez. 44,20*] 652,9 (*3 Hss.* ziohan). vuahsan ni lazan *neque* [...] *nutrient* [*Greg., Cura 2,7 p. 27 = ebda.*] 2,183,44. vahs vuahsan lazit [*siquis ex clericis*] *laxaverit comam* [, *anathema sit, Decr. Greg. XVII p. 273*] 137,21. glassin uuirt [*albuginem vero habet in oculo, qui veritatis lucem videre non*] *sinitur* [*Greg., Cura 1,11, PL 77,25B*] Mayer, Glossen S. 6,13. hich lazen thich serden [*verum tamen potius quam te inimicum habeam,*] *faciam ut iusseris* [*Terenz, Eun. I,2,94*] ZfdA. 62,36. nelaz iz naezen nesmeruen hrinan daemo dolge S 40,24. (*Gott*) lietz ... heidine man obar seo lidan 85,11. nu schult ir hiute lazzin gniezzin die heiligin christenheit, daz iuch min trehtin hiute hie gesamnet hat in sinem dienest 361,139. herro, laz mih êr faran inti bigraban minan fater *permitte me primum ire et sepelire patrem meum* T 51,3. ni liez einigan imo folgen *non ammisit quemquam sequi se* 60,11. laz eer thiu kind gisatotiu uuerden *sine prius saturari filios* 85,4. ni laz thir zit thes (*d. h. in bezug auf das metrische Reimen*) ingan O 1,1,48. so laz mih, druhtin min, mit druton thinen iamer sin 2,40. laz iz sus thuruhgan, so wir eigun nu gisprochan [*vgl. sine modo,*

Marg. nach Matth. 3,15] 25,11 (*vgl. auch* T 14,2 *unter* I 5aα). (*Gott*) liaz inan (*den Menschen*) waltan alles thes wunnisamen feldes 2,6,11 (*FPV*, hiaz *D*). then guaton (boum) afur âna wan lazent sie mit fridu stan 23,18. frumi ... thaz wib, thaz si unsih laze haben lib 3,10,19 (*zu lîb habên vgl. Ahd. Wb. 4,563 s. v.* habên). laz sia (*d. i. Maria, die Schwester des Lazarus*) ... duan thiu werk, thiu si bigan [*vgl. sine illam, Marg. nach Joh. 12,7*] 4,2,31. then fater ... einon then laz unsih biscowon 15,27. laz thir zi bilidin thie avur bezzirun sin Oh 52. noh er (*Gott*) nelazet feruuorren uuerden an in (*den Jahreszeiten*) dia herta . die er selbo geunderskeitota *nec patitur misceri vices . quas ipse coercuit* Nb 44,22 [36,7]. la mih tir mer sagen *audi* 148,7 [125,21]. libertas lazet in tuon . souueder er uuile [*vgl. liberum arbitrium est concessum sive ad bonum sive ad malum, Rem.*] 311,17 [237,19]. doh keskihet . taz er (*Merkur*) ... eruuindendo sih aber laze fureilet uuerden (*von der Sonne*) *ut ... recursitans gaudeat occupari . i. praecedi a sole* Nc 719,26 [36,14]. tannan sol er (*Merkur*) ... ze dero gehien . tiu in nelaze slafen *quae illum ... conivere non permittat* 729,2 [45,22]. sih an mine fienda . unde nelaz sie ferloren uuerden NpNpw 24,19. lazent uuuera freuui an imo sin . nals an derro uuerlte 32,1. do ... sie (*die Israeliten*) uualloton fone diete ze diete ... neliez er in doh niemannen daron *non reliquit hominem nocere eis* 104,14. in minemo herzen barg ih diniu gechose ... nelaz siu âne *fructum* dar geborgen sin 118 B,11. der anadahte ist ze sinemo gebete . unde in sin ernest nelazet anderes (Npw anderisuua) tenchen T,145. nela truhten minen fuoz sliphen fone ubermuoti *ne des* (Npw *det*) *ad movendum pedem tuum* 120,3. laz mih in morgen gehorren dina genada *auditam fac mihi mane misericordiam tuam* 142,8. *fidelis devs qvi non permittit vos temptari . svpra qvam potestis ferre* (ketriuuue ist got der unsih (Npw iuuih) nilazzet ferror irsuochit (Npw nieht mere bechoret) uuerden danne uuir (Npw ir) uirtragin mugin (Npw maget)) NpglNpw 32,4 (Npw *ohne Lat.*), *z. gl. St.* (der iuch nelazzet ferror pesuochet uuerdin danne ir iz irliden mugint) Npgl 79,6. pe diu nelazet er demo rehten gescehen uuellod in euua *non dabit in aeternum fluctuationem iusto* Np 54,23. nelaz sie indrinnen so sie inscihte (*d. i.* in scihte) sin [*vgl. non eos permittat effugere, Aug., En.*] 68,25. nelaz iz (*d. i.* min lob) fersuiget uuerden fone guoten [*vgl. ne tacere facias, Cass.*] 108,2. in dero uuarheite dines rehtes . uuile du unsih lazzen liden die note 118 T,151 (Npw *nur* liden). so nelaz dina zungun ze arge gesprechen *prohibe linguam tuam a malo* Npw 33,14 (Np *ohne* gesprechen, *s. unter* I 4b). nela uuerden dei chint aecclesiae den heidenen ... ze huohe 34,19 (Np *s.* b). der heber ... tregit sper in situn. Sin bald ellin nelazet in uellin ter 673,31 [161,26]. la mih dine stimma uerneman *fac me audire vocem tuam* [*Cant. 8,13*] W 148,2 [259,9]; *ferner:* S 39,10. 66,3. 186,53. T 51,3 (*dimittere*). 4 (*permittere*). 72,6. 135,26. 141,11. 184,5 (*alle sinere*). O 1,1,47. 2,4,58. 12,96. 21,8. 23,21. 3,3,13. 10,22. 21,10. 4,4,12. 23,14. 33,2. 6. 37,11. 12. 5,15,20. 21,6. Ol 94. Nb 12,28. 18,17 (*beide relinquere*). 55,28 (*facere*). 155,28. 157,2 (*summittere*). 168,19. 232,12. 270,26. 286,4 (*distribuere*) [10,21. 15,4. 46,7. 131,29. 132,28. 142,6. 186,23. 210,20. 220,12]. Nc 701,8 (*permittere*). 714,29. 745,14. 784,11 (*sinere*). 794,1. 802,19 (*tribuere*). 823,31 (*pati*). 845,25 (*sinere*) [16,4. 31,17. 60,21. 101,14. 112,2. 121,7. 143,6. 169,2]. NpNpw 7,7 (= Npw 6). 9,Diaps. 4 (= Npw 9,26). 20,11. 21,16. 24,22. 26,2. 36,7. 37,8. 38,5. 41,11. 43,22 (= Npw 21). 45,11. 101,24. 105,4.

33. 113,2'. 114,3. 117,18 (*tradere*). 118 F,43. L,88. P,115. R,134. 120,8. 124,3. 142,11 (= Npw 12). 146,6. 147,17. Cant. Moysi 2. Orat. dom. 13. Np 12,1. 51,7. 53,7. 57,9. 10. 58,12. 61,11 (*nolle*). 65,12. 20. 72,20. 73,20. 77,38. 78,6. 79,6. 80,13 (2; *1 Beleg dimittere*). 81,2. 85,6 (*infigere*). 93,4. 14. 15. 95,6; *in bruchstückhafter Übers.:* .. riiffii .. ni lazzit .. kecaugrot .. (*sc.* uuesan, *vgl. Ahd. Wb. 3,374 s. v.* gougarôn, *auch Beitr. 79,121f.*) *ad portam monasterii ponatur senex ... cuius maturitas eum non sinat vacare* S 280,9; *in der Verbindung* sih in muot queman lâzan *sich in den Sinn kommen lassen:* lazet queman iu iz (d. i. in) muat O 2,21,43, *ähnl.* 4,29,54 (*vgl. auch* in sîn muot queman lâzan *unter* 1d, (sih) in (sîn) muot lâzan *unter* I 4d); – *mit Ellipse des Akk.* (?): do lęttun se ærist asckim scritan S 7,63 (*zur Konstr. u. Bed. vgl. Lühr, Hildebr. S. 705*); *auch nach unpersönl. Verben* (*auch mit Akk. d. Pers. u. abstr. Gen./Objektsatz*): ther ju ni liaz in notin regonon then liutin O 3,12,15. nelazent iuh pelangen uuenne iuh got reche an dien sundigen NpNpw 30,25. la dih sin lusten 36,4. (*Gott*) geheizzet frido an sinemo liute ... Nelaz dih is pelangen Christiane . hier habest du uuig . hier solst du fehten . doret solt du rauuen Np 84,9. niomanne ne tuot nihein unreht, lazit iu gnuogen des iu got gigeben hat Npw 118 V,161 (Np *sufficiat*); *ferner:* NpNpw 36,34. 118 C,20; – *mit Dat. d. Pers. statt Akk. d. Pers.:* gauathere, latz mer serten Gl 5,520,21; – *mit im Inf.* (*mit passivischem Sinn*) *unterdrücktem Akk. d. Pers., auch bei* sih lâzan *mit Inf.:* oba uuesti thes higisges fater zi uuelihheru ziti ther thiob quami, her uuahheti giuuesso inti ni liezzi thurahgraban sin hus *non sineret perfodi(ri) domum suam* T 147,8, *z. gl. St.* ni liazi irgraban sinaz hus O 4,7,58. lazent iuch leren lantrechtara *erudimini qui iudicatis terram* NpNpw 2,10. (*Jesus*) lazet sih chriuzegon [*vgl. occiditur homo, Aug., En.*] Np 63,8. baptizetvr vnvsqvisqve vestrvm (lazzent iuh alle toufen) Npgl 58,14;

b) *mit Akk. m. Inf. u. prädik. Best. im Akk.* (*auch nach Sachsubj./abstr. Subj.*): *mit prädik. Adj./Part.:* thaz (*d. i. das metrische Reimen in fränkischer Sprache*) laz thir wesan suazi O 1,1,41. er lazit sunnun sina scinan filu blida, joh regana giliche allemo erdriche [*vgl. qui solem suum oriri facit, Marg. nach Matth. 5,45*] 2,19,21. fone diu nelazet in diu atahafta forhta nieht saligen uuesen *quare continuus timor . non sinit eum esse felicem* Nb 85,22 [74,6]. den (*Tugendhaften*) ahtot kot unuuirdigen allero muhi . so ferro . daz er in noh sieh nelaze uuerden *ut ne corporeis quidem morbis agitari sinat* 285,21 [220,5]. in (*den Merkur*) sine bartenten hiefelin neliezen âne michelen huoh Ueneris . samodahten gan *pubentes ienae seminudum eum incedere ... sine magno risu Cypridis non sinebant* Nc 695,24 [10,10]. laz mih keuuar uuerden . daz du mih obesehest *fac me videre . quia supra me dignaris intendere* NpNpw 30,17 (= Npw 18, *ohne Lat.*). neuuederen laz mih kelih sin . noh malis Christianis mit eo . noh paganis âne ea Np 70,4. laz daz (*d. i. Gottes Hilfe*) uuerdan in montibus aromatum [*vgl. perque tuos sanctos ... sic facit, Expos.*] W 149,11 [261,20]; *ferner:* O 2,16,40. NpNpw 24,20. 34,22. 42,1. Np 58,6. 89,3. 90,12; *mit Adv. statt prädik. Adj.:* lindo ... laz thia kestiga sin O 3,1,31; *ferner:* Ol 35; – *mit prädik. starktonigem Numerale:* nist thir iz sorga thaz min suester liez mih einun ambahten? *non est tibi curae quod soror mea reliquit me solam ministrare?* T 63,3. nelazent mih iz (*das Preisen Gottes*) einen tuon NpNpw 33,4; – *mit prädik. Subst.:* taz iz (*das Verbre-*

cherische) *ouh kot lazet tien guoten skado sin taz ist uuunder* Nb 32,17 [26,14]. *nelaz mih âne gotheit mennischen sin ne separes divinitatem verbi tui ab eo quod homo sum* NpNpw 27,1 (Npw *ohne Lat.*). *nela uuerden paleam filios ęcclesię paganis* Np 34,19 (Npw *s.* a);

c) *mit Akk. m. elliptischem Inf.* (*auch Passiv; auch nach abstr. Subj.*): *ih gihu ..., daz ih daz godes lop niuuolda giloson noh anderan niliaz* S 332,16. *chorungo pisuuicchilineru incaleitit unsih ni lazzes* (*uuesan/ uuerdan?*) *temptatione subdola induci nos ne siveris* H 2,10,2. *thie Judeon ... dragent iro buah thar, noh in thia fruma niazent, noh andere ni lazent* O 3,7,40. *in thesemo ist ouh scinhaft, so fram so inan* (*David*) *lazit thiu craft, thaz er ist io in noti gote thiononti* Ol 65. *daz kemeina leid neliez sie* (*giuueinôt uuerdan?*) [*vgl. uxor viduata, et mox in partu mortua, propter eamdem perturbationem plangi non potuit* (*h*)*onore funeris, Aug., En.*] Np 77,64;

d) *mit Objektsatz* (*u. korrelativem Pron.*) *m. Inf.* (*u. prädik. Adj. im Akk.*): *oba Krist si namo thin, thaz laz thanne ofanaz sin* O 3,22,13. *nela mih* (Npw *min*) *huon die mir be unrehte uuidere sint non insultent in me* (Npw *supergaudeant mihi*) *qui adversantur mihi inique* NpNpw 34,19; *ferner:* O 5,15,34. NpNpw 118 P,116; *hierher auch: in der Verbindung* in sîn muot queman lâzan *in den Sinn kommen lassen: ni laz queman thaz io in muat min, theih hiar gidue in riche wiht thes, thir ni liche* O 5,24,7 (*vgl. auch* sih in muot queman lâzan *unter* 1a, (sih) in (sîn) muot lâzan *unter* I 4d).

2) lâzan *mit Inf. eines weiteren Verbs* (*zur Bed.- verstärkung*) *u. Akk.: in best. Verbindungen:* fallan lâzan *jmdn. fallenlassen, im Stich lassen* (*vgl. auch* I 1. 8): *aber got neliez mih fallen* [*vgl. domini susceptione firmatus est, Cass.*] Np 117,13; – faran lâzan *etw. aufgeben* (*s. o., vgl. auch* I 1. 8): *laz ouh dinen nith uaran* W 137,10 [245,14]; *erw. mit refl. Dat.: ni lazet* (*beim Beten*) *faran iu thaz muat* O 2,21,9; – uuesan/sîn lâzan *etw. zu tun unterlassen, sein lassen, bleibenlassen* (*s. u., vgl. auch* I 3): *after demo panne daz er iz sin lazze post decretum cessationem* [*zu: episcopus vero ..., si contra eos decretam*] *cessationem* [*pro nihilo reputans, tanquam clericos forte susceperit: ... communione privetur, Can. apost. XVI p. 113*] Gl 2,97,25 (*in freier Übers.*). *wir sculun ... lazan sin thaz slafan* O 4,37,7. *la din muotprechon dih sin* Nb 62,32 [52,24]. *lazzent iuuer irren mih sin* NpNpw 6,9. *la dina abolgi sin desine ab ira* 36,8. *lazzent sin iuuuer gedingen . an daz unreht nolite sperare in iniquitate* Np 61,11; *ferner:* O 2,6,32. 5,25,44. Nb 50,15 [40,19] (2; *beide pellere*). NpNpw Cant. Annae 3 (*nolle*). Np 94,1; *mit Ellipse des Akk.* (?): *sin lazo* [*nam, et si voluero gloriari, non ero insipiens: veritatem enim dicam:*] *parco* [*autem, 2. Cor. 12,6*] Gl 1,809,61; *im Imp.* (*Adh.*) *auch ohne Akk.* (?): *uuesan lazames absistamus* [*... nam lux inimica propinquat, Verg., A. IX,355*] 2,665,5; *jmdn., etw. verlassen* (*auch nach abstr. Subj., vgl. auch* I 8): *der afar trinchit daz min* (*uuazzar*), *then lazit der durst sin* S 89,19. *fuar er* (*Johannes der Täufer*) *tho in thia worolt in, liaz thaz wuastweldi sin* O 1,23,9; *jmdn. in einem best. Zustand* (*zurück*)*lassen, belassen: mit Präp.verb.* (*s. u., vgl. auch* I 9): *nu lazist thu mit fridu sin ... thinan scalc, druhtin* [*vgl.* (*Symeon:*) *nunc dimittis servum tuum, domine, ... in pace, Luc. 2,29*] O 1,15,15; – stân lâzan *etw. zu tun unterlassen, sein lassen, bleibenlassen* (*s. o., vgl. auch* T 208,5 lâz nû *unter* I 3a): *im*

Imp. ohne Akk. (?): *laz stan untar dana sine videamus* [*an veniat Elias liberans eum, Matth. 27,49*] Gl 5,17,54. 1,719,48 (*Hs. noch expecta interim donec videamus quid eveniat*); *jmdm. etw. überlassen, anheimstellen: mit Präp.verb. statt Dat. d. Pers. u. Objektsatz mit korrelativem Pron.* (*vgl. auch* I 6): *uuio sculdig ih tarana si . daz lazo ih in dinero urteildo stân tuo ... iuditio ... relinquo* Nb 30,24 [25,5]; – follastân lâzan *jmdn. in einem best. Zustand* (*zurück*)*lassen, belassen: mit Präp.verb.* (*s. o., vgl. auch* I 9): *ziu neliezze du mih in dero* (*d. i.* hinainbrutteni) *follestan ...* ? NpNpw 41,10.

Komp. frî-, selblâzan; *Abl.* lâz^1, lâz^2, lâza^2, ?lâzanî; *vgl.* -lâzôn, -lâza^1, -lâzi, -lâzida, -lâzunga, -lâzîg, -lâzlîh, -lâzîgo; *vgl. auch* forþlǽtan *ae.* (*Sp. 647*).

[HAGL]

ana-**lâzan** *red. v., mhd.* anlâzen, *nhd.* anlassen; *mnd.* anlâten, *mnl.* aenlaten. – *Graff II,305.*

Nb, Np -â-.

Praes.: **lazzest** ... **ana:** *2. sg.* Np 42,5; **laz**- ... **ana:** *1. sg.* **-o** 31,8. Cant. Deut. 24; **-e** Npw 31,8. Cant. Deut. 24; *2. sg.* **-est** Nb 91,6/7 [79,3]. Npw 42,5; *1. pl. conj.* **-en** NpNpw 2,3; *2. sg. imp.* **-]** 18,14 (= Npw 13); **ana nelazet:** *3. sg.* Nb 221,23/24 [179,5]; **ana-lazet:** *dass.* 251,27 [199,6]. NpNpw 40,9; **-lazcende:** *part. nom. pl. m.* Gl 1,2,23 (*K; zu* -zc- *vgl. Kögel S. 64*).

Praet.: **ana-liezen:** *3. pl.* Nb 313,13 [238,25/26].

Part. Praet.: **ana-gi-lazanen:** *dat. pl.* Gl 2,639,61 (-n *aus* -m (?) *rad.*).

etw. über jmdn. kommen lassen; sich etw. aufzwingen lassen:

a) *im abs. Dat., eigentl.:* **anagilazanen** [*hos* (*d. h. die Hirsche*) *non*] **immissis** [*canibus, non cassibus ullis Puniceaeve agitant pavidos formidine pinnae, Verg., G. III,371*] Gl 2,639,61;

b) *mit doppeltem Akk., übertr.:* *ih lazo dih obenan ana unirdrozzeno . daz lieht intellegentię męę* [*vgl. dirigam in te lumen intelligentiae meae, Cass.*] NpNpw 31,8. *des tiefeles seuitiam lazo ih sie ana . diu sie muohet in irdiscen kiredon* [*vgl. saevitia diaboli inmittetur eis, Walahfr., Pentat.*] Cant. Deut. 24; *ferner:* 18,14 (= Npw 13); – *refl.:* sih analâzan: *tiu natura dero gotes substantię . ist solih . daz ... si sih ander ana nelazet nec in se externum aliquid ipsa suscipiat* Nb 221,23/24 [179,5]. *dien* (*gelusten*) *folgendo . stuorrent sie dia scalhheit . tia sie sih analiezen adiuvant servitutem quam invexere sibi* 313,13 [238,25/26]. *nelazen unsich nieht ana Christianam religionem* [*vgl. neque imponatur nobis Christiana religio, Aug., En.*] NpNpw 2,3; *ferner:* Nb 91,6/7 (*rapere*). 251,27 (*inmergere*) [79,3. 199,6]. NpNpw 40,9. 42,5;

c) *in einer Glosse ohne erkennbare Rektion:* **analazcende** **abinmittentes** Gl 1,2,23 (*K,* analeggen *Pa; zum Lat. vgl. Splett, Stud. S. 53 f.*).

ana-fir-**lâzan** *red. v.* – *Graff II,1168.*

Praet.: **ana uer-liez:** *1. sg.* Nb 17,27/28 [14,18].

etw. auf jmdn. richten: *so ih sia diu ougen ana uerliez ... Pechnata ih sia uuesen mina ammun ubi deduxi oculos in eam ... Respexi nutricem meam Philosophiam.*

ana-gi-**lâzan** *red. v.*

Praet.: **ana-g-liezzan:** *3. pl.* Tiefenbach, Aratorgl. S. 28,19; **-ge-lizzan:** *dass.* Gl 2,774,81 (*zur Lesung vgl.* Schlechter, Aratorgl. S. 182,298); **-lizun:** *dass.* 35,56.

Verschrieben (?): **ana-ge-lierzon:** *3. pl. prt.* Gl 2,33,1 (*l.* anageliezon, Steinm.; *zu* -rz- *vgl. von Gadow, Aratorgl. S. 121 f.*).

refl.: sich (einer Sache) hingeben: anagelierzon anageafton sih [*in pelago nox una fuit, quo tempore nullis*] *indulsere* [*cibis, Ar. II,1092*] Gl 2,33,1 (*zum Bezug des Refl.-Pron. auf beide Verben vgl. von Gadow a. a. O. S. 73*). Tiefenbach, Aratorgl. S. 28,19, z. gl. St. anagelizun sich Gl 2,35,56. 774,81.

bi-**lâzan** *red. v., mhd.* belâʒen, -lân, *nhd.* belassen (*in anderer Bed.*); *mnd.* belâten, *mnl.* belaten (*beide in anderer Bed.*). – *Graff II,307.*

Np -â-, *wo nicht anders angegeben.*

Praes.: **bi-lazz:** *1. sg.* S 142,3 (*BB;* -lazz ich); **be-:** *1. pl.* -]en Np Orat. dom. 12 (*Hs. T = S.* XLVIII,13; -a-); **b-:** *inf.* -]in Npgl 105,23; **pi-laz-:** *3. sg.* -it Gl 4,8,52 (*Jc*); *2. sg. imp.* -] H 24,12,3. 4; *inf.* -an Gl 2,292,13 (*M, 4 Hss.*); **pe-:** *2. sg. imp.* -] Npgl 68,14; **p-:** *dass.* -] 27,2; **bi-:** *2. pl.* **-et** O 2,21,41 (*in F* -c- *korr. zu* -z-). 5,11,11. 13; *2. sg. imp.* -] 2,21,35 (*FPV*); -]e ebda. (*D; schwach flekt.*); **be-:** *3. sg.* **-et** NpNpw 49,14; *1. pl.* **-en** Np Orat. dom. 12 (-a-); *2. sg. imp.* -] NpNpw ebda. Npgl 18,13. 68,21; **b-:** *dass.* -] 93,2. – *Kurzform (vgl. Braune, Ahd. Gr.^{15} § 351 Anm. 2, Paul, Mhd. Gr.^{23} § 287):* **pa-lantemo:** *part. dat. sg. m. n.* Gl 2,464,49 (*Paris Nouv. acqu. lat. 241, 11. Jh., clm 14395, Gll. 11. Jh.; anders Gl.-Wortsch. 1,251 (mit angefragter Zuordnung s. v.* balawên), *Ahd. Gl.-Wb. S. 64 (mit angefragter Zuordnung s. v.* blantan)).

Praet.: **be-liezze:** *2. sg.* Np 31,5; **pi-lezi:** *3. sg. conj.* Gl 2,294,19 (*M, clm 9573, 11. Jh.; vgl.* Gl 5,103,27; *verschr.?*); **bi-liazi:** *dass.* O 2,6,33; **pi-liez-:** *dass.* **-i** Gl 2,294,18 (*M, 4 Hss., 1 Hs.* -i-); **be-:** *2. sg.* **-e** Npw 31,5.

Part. Praet.: **be-lazzen:** Npgl 38,13; **pi-laz-ana:** *acc. pl. m.* Gl 2,175,19 (*clm 6277, 9. Jh.*); **pe- -en:** Grdf. NpNpw 31,1.

Verschrieben: **pi-zalan:** *inf.* Gl 2,292,14 (*M*).

(*jmdm. etw.*) *erlassen, vergeben, verzeihen:*

a) *mit Dat. d. Pers. u. abstr. Akk./Objektsatz:* sculd bilaz uns allen, so wir ouh duan wollen [*vgl. et dimitte nobis debita nostra, sicut et nos dimittimus* (*debitoribus nostris*), *Matth. 6,12*] O 2,21,35, *z. gl. St.* NpNpw Orat. dom. 12. unde er dir belazet . souuaz du ubeles ketan habest 49,14. pater *ignosce illis . non enim scivnt qvid facivnt* (fater pelaz in iz . sie neuuizzin les uuaz sie tuont) Npgl 68,14, *z. gl. St.* 21. 93,2; *ferner:* O 5,11,11 (*remittere*). 13. NpNpw 31,1. 5 (*beide remittere*). Npgl 38,13 (Np *remittere,* Npw firlâzan);

b) *nur mit Dat. d. Pers.:* vone diu bilazz ich uone herzan ... allen minen sculdigon S 142,3 (*BB,* ferlazi 141,33/142,1 *WB*). thir ... lop ... singemes pilaz uns truhtin pilaz gehanten *tibi* ... *ymnum* ... *canimus, ignosce nobis, domine, ignosce confitentibus* H 24,12,3. 4. vnde unsere sculde belaz uns . also ouh uuir belazen unseren sculdigen *ut et nos dimittimus debitoribus nostris* Np Orat. dom. 12 (Npw firlazen). pater *ignosce illis non enim scivnt qvid facivnt* (fater belaz in uuanda si neuuizzen uuas si tuont) Npgl 18,13, *z. gl. St.* 27,2 (*beide* Npw fergib); *ferner:* 105,23 (Np *dimittere,* Npw 24 firlâzan);

c) *nur mit abstr. Akk.:* pilazana [*admonendi sunt ..., ne iam*] *relaxatas* [*aestiment culpas, quas ... nullis ... fletibus mundant, Greg., Cura 3,30 p. 87*] Gl 2,175,19. pilazan *relaxare* [*peccata venerat, ders., Hom. I,18 p. 1506*] 292,13. piliezi [(*Johannes der Täufer*) *baptismum quod peccata*] *solveret* (*2 Hss.* -erit) [, *quia dare non poterat, praedicabat, ebda. I,20 p. 1517*] 294,18 (*vgl.* Gl 5,103,27). oba ... iz (*das Essen des Apfels*) got biliazi O 2,6,33;

d) *im abs. Dat.:* palantemo [*nec* (*Sobrietas*) *fronte severos*] *connivente* (*consentiente*) [*oculos praedarum ad gaudia flectit, Prud., Psych. 453*] Gl 2,464,49 (*s. Formenteil*);

e) *in einer Glosse ohne erkennbare Rektion:* quhidit pilazit *noscit* [*dicit ignuscit, CGL IV,542,13*] Gl 4,8,52.

Abl. bilâzanto.

bifora-**lâzan** *red. v.* – *Graff III,621. II,301 s. vv.* bifora *u.* lâzan.

bifora laz-: *1. sg.* **-u** O 1,1,52 (*PV*); -] ebda. (*F*).

etw. vorziehen: mit Objektsatz u. korrelativem Pron. im Akk.: thaz Kristes wort uns sagetun ..., bifora lazu ih iz al.

fir-**lâzan** *red. v., mhd.* verlâʒen, -lân; *as.* farlâtan, *mnd.* vorlâten, -lân, *mnl.* verlaten; *ae.* forlǣtan; *an.* forláta; *got.* fraletan. – *Graff II,307 ff.*

Nb, Nm, Np -â-, *wo nicht anders angegeben.*

Praes.: **far-laazz-:** *3. pl. conj.* **-een** S 214,29 (*B; lat. ind.*); *part. nom. pl. m.* **-ante** 207,12. 14 (*beide B*); **for-lazz-:** *1. sg.* **-u** T 164,4. 165,5. 197,3; *2. sg.* **-is** 198,1; *3. sg.* **-it** 99,5. 100,3. 5. 133,11 (*alle* uor-); *2. pl.* **-et** 176,3. 190,2; *1. sg. conj.* **-e** 199,3 (2); *inf.* **-an** 5,7. 100,4 (for- *korr. aus* fur-). 199,7 (*lat. Passiv; oder Part. Praet. (?), vgl.* I 6a); *dat. sg.* **-anne** 141,18. 197,8. 198,1. 199,1; **-anna** 100,2 (uor-); *part. nom. pl. m.* **-ente** 84,5; **far-:** *2. sg.* **-is** Gl 1,283,38 (*Rd*); *3. sg.* **-it** 42,3 (*PaK*). 92,24 (*Pa; lat. perf.*). S 29,29 (*Wk*). 248,22. 262,23 (*beide B*). H 2,4,2; *1. pl.* **-amees** S 209,17 (*B*); **-ames** 224,16/17 (*B*); **-emes** H 2,9,4; **-em** S 29,4. 22 (*beide Wk; zur Endg. vgl. Braune, Ahd. Gr.^{15} § 307 Anm. 6*); *3. sg. conj.* **-e** 30 (*Wk*). 276,5 (*B*); *3. pl. conj.* **-en** Gl 2,103,46/47 (*3 Hss., darunter clm 14747. clm 19417, beide 9. Jh.; 1 Hs.* uar-); *inf.* **-an** S 204,21/22 (*B*); *part. nom. pl. m.* **-ante** 207,10 (*B*); **fir-:** *1. sg.* **-u** Gl 1,220,7 (*K*); *3. sg.* **-it** 200,23. 24 (*beide K*); *1. pl.* **-umes** 26 (*K*); *3. pl. conj.* **-en** 2,103,49 (*clm 14407, 9. Jh.;* uir-); **f-:** *1. sg.* **-u** S 45,62 (*Pn., Hs. B*); *3. sg.* **-it** 44,59 (*Pn., Hs. B;* u-); *1. pl.* **-ames** 51/52 (*Pn., Hs. A*); **-emes** ebda. (*Pn., Hs. B*); *3. sg. conj.* **-e** 58 (*Pn., Hs. A = 56 B*). ebda. 45,61 (u-). 69 (u-; *alle Pn., Hs. B*); **for-laazit:** *3. sg.* 55,9 (*Lex Sal.;* -laazit *korr. aus* -lazzit); **fur-laz-:** *dass.* **-it** T 29,2. 34,7 (2). 131,11; *1. pl.* **-emes** 34,6; *2. pl.* **-et** 7 (2); *3. sg. conj.* **-e** 29,1; *2. sg. imp.* -] 31,4. 34,6. 80,1; *inf.* **-an** 54,5; *dat. sg.* **-enne** 7; **for-:** *1. sg.* **-u** 98,4. 175,6; *3. sg.* **-it** 39,2 (for- *korr. aus* fur-). 96,2 (uor-). 106,6. 116,1. 138,14; *1. pl.* **-emes** 135,28; *2. pl.* **-et** 232,6; *3. pl.* **-ent** 116,6; *3. sg. conj.* **-e** 121,4; *2. sg. imp.* -] Gl 1,710,31. T 7,6. 27,1. 85,3 (uor-). 98,1. 102,2. 202,4; *2. pl. imp.* **-et** 39,2 (for- *korr. aus* fur-). 121,4; *inf.* **-an** Gl 2,142,62 (*Leipzig Rep. II. A. 6, 9. Jh.*). F 12,30; **-en** T 89,1 (uor-); *dat. sg.* **-anne** Gl 2,148,28 (*Frankf. 64, 9. Jh.*). F 1,18. 17,19; **-enne** T 18,2; **far-:** *1. sg.* **-u** Gl 1,220,7 (*Ra*); *3. sg.* **-it** 92,24 (*K; von* -zz- *erstes* -z- *ausrad.*). 200,23 (*Ra*). ebda. (*R*); *1. pl.* **-emes** 26 (*Ra; lat. perf.*); *2. sg. imp.* -] 734,30 (*S. Paul XXV a/1, 8./9. Jh.*). S 29,3. 22 (*beide Wk*). 224,16 (*B*). H 2,9,3; *inf.* **-an** S 324,44 (*Lorscher B.*); **fir-:** *1. sg.* **-o** Gl 2,177,30 (*M;* -o *in* -e *korr. oder umgekehrt, vgl.* Gl 5,102,8; *lat. conj.*); *1. pl.* **-en** Npw 140,6. Orat. dom. 12; *3. pl.* **-ent** Gl 2,68,43 (*lat. conj.*). Npw 138,16; *1. sg. conj.* **-e** Gl 2,177,29 (*M, 2 Hss.*). O 4,1,24. 22,10; -] Gl 2,177,30 (*M*); *2. sg. conj.* **-ist** Npw 139,9; *3. sg.*

conj. **-e** Gl 2,177,29 (*M, 2 Hss., darunter clm 21525, 9. Jh.*). 292,12 (*M, 2 Hss.;* uir-). O 2,21,37. 4,20,24 (*PV*). Npw 118 T,151; *3. pl. conj.* **-en** Gl 2,73,7 (*clm 18765, Gll. 9. u. 10. Jh.*); *2. sg. imp.* **-]** 1,216,9. 247,20 (*beide K*). Npw 140,6; *inf.* **-an** Gl 1,535,64 (*M, 5 Hss.*). O 2,22,28. Os 33; **-en** Gl 1,535,66 (*M*). Npw 118 N,104; **-in** Gl 1,535,65 (*M, 2 Hss.*); *dat. sg.* **-anne** S 262,18 (*B*); **fer-:** *1. sg.* **-o** Gl 4,9,61 (*Jc*); **-i** S 141,33/142,1 (*WB*); *2. sg.* **-est** NpNpw 9,11 (Npw uer-). Npw 105,24; *3. sg.* **-it** H 25,3,4; **-et** Nb 160,13/14. 164,14 (uer-). 241,7 [135,13. 138,9. 192,14]. NpNpw 36,28 (2). 39,13 (2; *1mal* Np -a-); *1. pl.* **-en** Npw 17,44 (uer-; *zur Endg. vgl. Braune, Ahd. Gr.[15] § 307 Anm. 5*); *3. pl.* **-ent** Nb 240,15 [192,1]. Np 88,32. 138,16. Npw 118 G,55; *1. sg. conj.* **-e** Gl 2,197,51 (*2 Hss.;* ver-); *2. sg. conj.* **-est** NpNpw 118 A,8. Np 26,9. 37,22 (-a-). 139,9 (-êst); *3. sg. conj.* **-e** Nb 35,24 [29,5]. Np 118 T,151; *2. sg. imp.* **-]** Gl 1,710,31 (*2 Hss., darunter Brüssel 18723, Gll. 10. Jh.*). 2,380,33 (uer-). 5,12,30 (*Augsb., Arch. 6, Gll. 10. Jh.*). NpNpw 118 A,8. Np 70,18 (-a-). Npw 37,22. 105,24; **-e** S 360,104 (uer-; *schwach flekt.*); *2. pl. imp.* **-et** Npw 111,5 (uer-); *inf.* **-an** W 114,14 (*A;* uer-); **-en** ebda. (*BCFK;* uer-) [205,29]; *part.* **-anti** Gl 2,734,56 (*Zürich Rhein. 99ª, 9. Jh.*); *dat. pl.* **-enten** NpNpw 118 G,53; **f-:** *3. sg.* **-it** Gl 2,175,42 (*clm 6277, 9. Jh.;* v-); *1. pl.* **-ames** S 45,62 (*Pn., Hs. A*); *3. sg. conj.* **-e** 44,59 (*Pn., Hs. A*); *3. pl. conj.* **-an** Gl 2,436,57 (*zur Endg. vgl. Schatz, Abair. Gr. § 157b*); *2. sg. imp.* **-]** Mayer, Glossen S. 80,13 (*vgl. Glaser, Griffelgl.* S. 498,13a; *clm 6305, 8./9. Jh.*). S 44,50 (*Pn., 2 Hss.; Hs. B* u-). 45,62 (*Pn., Hs. A* = 61 *B*). 65 (*Pn., Hs. A*); *inf.* **-an** 61 (*Pn., Hs. A*). – **far-**lattu: *2. sg. imp.* Pw 70,9. 18; [*inf.* **-latan** Wa 65,22 (-r- *undeutlich*).] – *Kurzform* (*vgl. Braune a. a. O. § 351 Anm. 2, Paul, Mhd. Gr.[23] § 287*): **fer-la:** *2. sg. imp.* Thoma, Glossen S. 13,25.

Praet.: **far-leazzi:** *3. sg. conj.* S 239,7 (*B*); **fir-leazssi:** *dass.* I 34,7; **-leizssi:** *dass.* 29,23; **far-liazzi:** *2. sg.* S 215,19 (*B*); **fer-liezz-:** *dass.* **-e** Np 50,17; *1. sg. conj.* **-i** S 330,18; **for-lez:** *3. sg.* F 12,8; **-leaz:** *dass.* 24,25; **far-:** *dass.* Gl 1,277,23 (*Jb*); **fur-leiz:** *1. sg.* S 327,12 (*Hs. A; Ausg.* -liez); **far-leiᵃz:** *3. sg.* Gl 1,277,23 (*Rd*); **-liaz:** *dass.* 380,28 (*Rb;* -aᶻ); **fir-:** *1. sg.* O 4,1,29. 35; *2. sg.* **-]i** 33,18; *3. sg.* **-]** 1,7,18. 2,4,9. 5,16. 11,61. 3,11,22. 24,6. 4,8,25. 24,33. 5,8,34. 17,21; *3. pl.* **-]un** 1,20,8. 3,8,16. 4,6,50; *3. sg. conj.* **-]i** 1,8,12. 2,3,44. 6,33. 3,26,30. 4,24,1; **-]e** 20,24 (*F*); *3. pl. conj.* **-]in** 5,21,4 (*FPV*); **fur-liez:** *3. sg.* T 15,6. 21,10. 48,2. 55,7. 127,2; *3. pl.* **-]un** ebda.; *3. sg. conj.* **-]i** 80,7; **for-:** *1. sg.* **-]** 99,4 (uor-); *2. sg.* **-]i** 207,2 = T Fragm. S. 291,6; *3. sg.* **-]** 4,7. 87,7 (uor-, -ie- *korr. aus* -ea-?). 89,4 (uor-). 99,2 (2; *1mal* uor-). 100,4 (for- *korr. aus* uor-). 110,1. 147,6. 199,13; *1. pl.* **-]umes** 106,5; *2. pl.* **-]ut** 141,17; *3. pl.* **-]un** 116,2; *1. sg. conj.* **-]i** S 328,18 (*Hss. AC; Hs. A* -ⁱe-); **far-:** *3. sg.* **-]** 296,23 (*alem. Ps.*); **fir-:** *1. sg.* 327,12 (*Hss. BC; Hs. B* vir-; *Ausg.* -liez); *2. sg.* **-]e** Npw Cant. Deut. 18; *3. sg.* **-]** 15; *3. pl.* **-]un** Gl 2,279,61 (*M, 3 Hss., 1 Hs.* -vn); **fer-:** *1. sg.* **-]** S 330,15 (uer-); *2. sg.* **-]e** NpNpw 21,2. Np Cant. Deut. 18. Npw 50,17; *3. sg.* **-]** Gl 2,516,23. 4,313,12. Nb 102,1/2 [88,18] (uer-). NpNpw 33,1 (2). Np 37,11. Cant. Deut. 15; *1. pl.* **-]en** Npw 110,7; *3. pl.* **-]en** NpNpw 33,1; *2. sg. conj.* **-]îst** Np 118 A,8; **-]est** Npw ebda.; *3. sg. conj.* **-]e** 108,7 (uer-); **-liezc:** *3. sg.* S 94,5 (*Georgsl., 11. Jh.*); **f-liazi:** *3. sg. conj.* O 4,22,16 (*F*). – **fur-laet:** *3. sg.* S 3,20 (*Hildebr.*); **far-liet:** *dass.* Pw 70,11. – *Kurzform* (*vgl. Braune a. a. O., Paul a. a. O.*): **fer-lie:** *3. sg.* Npw 37,11.

Part. Praet.: **far-laazzan:** S 242,33 (*B*); **fur-lazz-an:** T 62,8; **for-:** 147,4 (3); *dat. sg. m.* **-]emo** 185,10; *acc. sg. f.* **-]un** 100,5; *dat. pl.* **-]en** 19,3. 182,6; **far-:** *Grdf.* **-]** Gl 1,106,1 (*Pa; lat. nom. acc. pl. n. oder nom. sg. f.*). 239,4 (*K; lat. nom. acc. pl. n. oder nom. sg. f.*). S 251,4 (*B*). H 2,4,1; *nom. sg. f.* **-]iu** Gl 1,239,4 (*R; oder nom. acc. pl. n.*). 290,12 (*Rd*); *dat. sg. n.* **-]emu** 277,32 (*Jb*); *nom. pl. n.* **-]iu** 337,29 (*Rb*); *dat. pl.* **-]em** S 197,25. 249,13. 255,12 (-ē; *alle B*); **fir-:** *Grdf.* **-]** Gl 1,106,1 (*K; lat. nom. acc. pl. n. oder nom. sg. f.*); **-ener:** *nom. sg. m.* 578,3 (*M*); **fer- -an:** *Grdf.* **-]** 4,329,40 (*clm 29095,1, 9. Jh.*); **-en:** Np 26,10. 37,11. 39,13. 70,11 (2). Npgl 87,19; *nom. sg. f.* **-]iu** Np 73,11; *acc. sg. m.* **-]en** 36,25 (-a-); **-inun:** *gen. sg. f.* Npgl 80,6; **f- -anē:** *dat. pl.* Gl 2,328,5 (*clm 14747, 9. Jh.*); **fur-laz-an:** *Grdf.* **-]** T 62,8 (3); *dat. sg. m.* **-]emo** 126,3. 128,7; *dat. sg. f.* **-]eru** 80,8; *acc. sg. f.* **-]un** 29,2; *nom. pl. f.* **-]o** 54,4. 6; **-enen:** *dat. pl.* 76,3; **for- -an:** *Grdf.* **-]** F 6,8. 11. T 103,2. 138,13. 142,1. 144,2; *dat. sg. f.* **-]ero** 21,11; *nom. pl. f.* **-]o** 138,13 (2); *gen. pl. f.* **-]ero** S 323,6 (*Lorscher B.*); *dat. pl.* **-]en** T 20,2. 89,1 (uor-); **-ono:** *nom. pl. f.* 232,6; **-enen:** *dat. pl.* 19,2. 9. 118,4; **far- -an:** *Grdf.* **-]** Gl 1,106,1 (*Ra; lat. nom. acc. pl. n. oder nom. sg. f.*). S 268,23 (*B*); *nom. sg. f.* **-]iu** Gl 1,107,1 (*R; oder nom. acc. pl. n.*). 290,12 (*Jb*). 543,19 (*Ja*); *dat. sg. m. n.* **-]emo** 2,169,66 (*clm 6277, 9. Jh.*); *dat. sg. f.* **-]emu** 1,277,32 (*Rd*); *dat. sg. f.* **-]eru** Mayer, Griffelgl. Salzb. S. 53,73 (*Salzb. St. Peter a VII 2, 8./9. Jh.;* far- *unsicher*); **fir-:** *Grdf.* **-]** O 1,18,11 (*FPV*); *nom. sg. f.* **-]iu** Gl 2,653,67. 758,34 (*oder nom. acc. pl. n.*); *dat. sg. n.* **-]emo** Nm 859,10 (= S. CLXXXXI,30) [343,21 (*Hs. L;* -a-)]; **-en:** *Grdf.* **-]** S 158,5a,17; *dat. sg. n.* **-]emo** Nm 859,10 (= S. CLXXXX,29, *wohl fälschlich als M bezeichnet*) [343,21 (*Hs. N;* -a-)]; **fer-:** S 154,59 (uer-). Nb 55,2. 62,25. 100,7 (*alle* uer-). 139,6. 241,7. 356,13 [45,14/15. 52,18/19. 86,30. 118,16. 192,14/15. 267,19]. Npw 26,10 (uer-). 37,11. 38,13. 39,13. 101,24. 28 (3). 111,5 (uer-); *nom. sg. m.* **-]êr** Nb 25,17 [20,30] (uer-); *nom. sg. f.* **-]iu** 117,24 [101,26]; *dat. sg. n.* **-]emo** Nm 859,10 [343,21 (*Hs. F,* -a- *Hs. M*)]; *acc. sg. m.* **-]en** Npw 36,25; *acc. sg. f.* **-]a** Nb 332,1 [251,17]; *nom. pl. m.* **-]e** 260,1 [204,5]; *dat. pl.* **-]ên** 362,14 [271,8; -en]; *acc. pl. f.* **-]e** 45,13 [36,22] (uer-; *zum Genus bei N vgl. Braune a. a. O. § 248 Anm. 9*); **v- -an:** *Grdf.* **-]** Gl 2,171,60 (*clm 6277, 9. Jh.*). – **far-latanero:** *gen. pl. f.* S 318,9 = Wa 16,12.

Verschrieben: **fo-lazanne:** *inf. dat. sg.* Gl 2,148,52 (*Frankf. 64, 9. Jh.; l.* forlazanne, *Steinm.*); **uer-lazaña:** *part. prt. nom. sg. f.* 184,17 (*M, clm 21525, 9. Jh.*); *verstümmelt:* **for-lazze..:** *inf. dat. sg.* T 100,4 (*Ausg.* -lazzanne); **...-.azseno:** *part. prt. nom. pl. f.* F 1,15 (*Ausg. konjiz.* forlazseno); **-laaz..nu:** *dass.* 9/10 (*Ausg. konjiz.* -laazsenu); **...lazan:** *Grdf.* 6,9 (*Ausg. konjiz.* for-); **-l..:** *1. sg. prt.* 12,18 (*Ausg. konjiz.* -leaz); **-le..:** *3. sg. prt.* 16,24 (*Ausg. konjiz.* -leaz); **f..-l..zan:** *part. prt.* Gl 1,766,28/29 (*Sg 70, 8. Jh.; bei den Lücken keine Buchstabenreste erkennbar, vgl.* Ahd. I,494); **fir-laz..:** *dass.* O 1,18,11 (*D*); **...-..in:** *3. pl. prt. conj.* 5,21,4 (*D*); **for-...:** *2. pl. prt.* F 17,16 (*Ausg. konjiz.* -leazut).

I. firlâzan *als selbständiges Verb:*

1) *etw., jmdn.* (*in einem best. Zustand*) *von sich lassen, los-, ent-, freilassen,* (*weg*)*gehen lassen, fortschicken* (*von irgendwo/nach irgendwohin*); *etw. lockern,* (*auf-, los*)*lösen:*

a) *mit Akk.* (*auch nach abstr. Subj.*), *eigentl. u. übertr.:* vlazit [*quasi clavum gubernator*] *amittit* [, *quando mens ad regendam navem corporis, studium sollicitudinis perdit, Greg., Cura 3,32 p. 90*] Gl 2,175,42. cifuocta flazan mantalun gitavili. vuenti den gidurchilatun podam *dissociata putrem laxent tabulata carinam* [*Prud., P. Hipp.* (XI) 73] 436,57. ferlazanti [*tunc ille*] *recutiens* [*palliolum suum, quo utebatur, ostendit eis manus suas, Vitae patr. 579ª,37*] 734,56. [(*Gott im Kampf* zu Jakob:)] ferla mih *dimitte me* [, *iam enim ascendit aurora, Comm. in Gen.* = *Gen. 32,26*] Thoma, Glossen S. 13,25. forlaz theso menigi *dimitte turbas* T 80,1. sliumo forlazit sie *confestim dimittet eos* (sc. *asinam alligatam et pullum ... alligatum*) 116,1. fon thanan suohta Pilatus inan zi forlazzanne *exinde quaerebat Pilatus dimittere eum* 198,1, *z. gl. St.* Pilatus was tho in flizi, thaz er nan firliazi O 4,24,1. tes iungen boumes obenahtigi . uuirt ouh uuilon mit not nidergezogen. Uuirt er ferlazen . er rihtet sih aber uf ze himele *si hanc* (*virgam*) *curvans dextra remisit . recto vertice spectat caelum* Nb 139,6 [118,16]. samoso er (*David*) uuuotig uuare . unde er (*Achis*) in ze dero uuis ferliez *dimisit eum* NpNpw 33,1 (Npw *ohne Lat.*); *ferner:* T 80,7. 85,3. 89,4. 99,2. 198,1 (*alle dimittere*). O 4,20,24; *in den Verbindungen thaz lîb firlâzan/then ... lîhhinamon firlâzan:* joh thuruh sinan einan dolk wari al gihaltan ther folk; mammonti sazi, sid er thaz lib firliazi 3,26,30. uuir uuerden ueruuantelot ... uuirt ferlazen der fleisclicho lichenamo, unde irstet der geistlicho; uuirt ferlazen der totlicha, unde irstet der untotlicha; uuirt ferlazen der feruuartenlicha, unde irstet der unferuuartenlichi Npw 101,28 (*3mal* Np *seminatur, 3mal* Npgl uuirt kesait); *spez.: die Ehefrau* (*mit Scheidebrief, vgl. Bibellex. Sp. 1476*) *freigeben, verstoßen: mit Akk. d. Pers.:* farlazzaniu [(*sacerdotes*) *non ducent uxorem ... eam, quae*] *repudiata* (*relicta*) [*est a marito, Lev. 21,7*] Gl 1,290,12. .. forlazan umbi ein *gahuuelihha* .. *si licet homini uxorem suam dimittere quacumque ex causa* F 12,30 (*in verstümmeltem Text mit zu ergänzendem Akk.*), *z. gl. St.* ist arloubit manne zi uorlazzanna sina quenun fon sihuuelicheru sachu? T 100,2. Ioseph ... uuolta tougolo sie (*Maria*) forlazzan *voluit occulte dimittere eam* 5,7, *z. gl. St.* thahta ..., ob er sia firliazi O 1,8,12. so uuer so furlaze sina quenun, gebe iru buoh thanatribes *quicunque dimiserit uxorem suam, det illi libellum repudii* T 29,1; *ferner:* 2 (2). 100,4. 5 (2; *alle dimittere*); – *mit Ellipse des Akk. d. Pers.* (?)*:* her tho bifanganan heilta inan inti forliez *ipse vero adpraehensum sanavit eum ac dimisit* T 110,1. ob ih fragen, thanne ni antvvurtet ir mir noh ni forlazzet *interrogavero, non respondebitis mihi neque dimittetis* 190,2. ni uueist thaz ih haben giuualt thih zi erhahanne inti giuualt zi forlazzanne? *nescis quia potestatem habeo crucifigere te et potestatem dimittere?* 197,8; *ferner:* 100,4 (*dimittere*);

b) *mit Akk. d. Pers. u. prädik. Best. im Akk., übertr.: mit prädik. Adj./Part.:* frian farlazzis [*quem*] *libertate donaveris* [, *nequaquam vacuum abire patieris, Deut. 15,13*] Gl 1,283,38 (Rd, firlâzannissî Jb). otage forliez ite *divites dimisit inanes* T 4,7, *z. gl. St.* O 1,7,18. uorlazen sie fastante ni uuil *dimittere eos ieiunos nolo* T 89,1. inan gibuoztan forlazzu *emendatum ergo illum dimittam* 197,3. uerlazen uuir in lebenten, so ueret diu uuerlt elliu nah imo Npw 17,44 (Np *dimiserimus,* Npgl lazen ... hina, NpXgl *nur* lazin); *mit Akk. d. Pers. u. Adv. sô:* oba uuir inan so forlazemes, alle giloubent inan *si dimittimus eum sic, omnes credent in eum* T 135,28;

c) *mit Akk. u. Präp.verb.* (*zur Angabe des Ausgangs- oder Zielortes*), *eigentl., bildl. u. übertr.:* daz sie (*fehlt in 1 Hs.*) se uzzar iro henti ł (*3 Hss.* odo) uzzar iro eigini (*1 Hs.* heigine, *s.* eigan *st. n.*) farlazzen [*ut episcopi, vel clerici filios suos a sua potestate*] *per emancipationem* [*exire non sinant, Conc. Afr. XXXV p. 149*] Gl 2,103,46/47 (*in freier Übers.*). der man fon gal-

gen forlaazit *de eo, qui hominem de bargo vel de furca dimiserit* S 55,9. zi gotspellonne ... santa her mih ..., zi forlazenne gibrochanne in forlaznessi *dimittere confractos in remissionem* T 18,2. sichuriu sel(d)a . uzer demo charchare des lichamen . ferlazeniu ze himele . feret *mens ... resoluta terreno carcere . libera petit caelum* Nb 117,24 [101,26]. in manu eius (d. i. *Gottes*) uuas si (sc. *virga Moysi*) directa . uzzer hende ferlazeniu uuard si tortuosa Np 73,11; *vielleicht hierher:* ferliez [(*Abessalon*) *signis contraria signa paternis egit et unius*] *commisit* (*Glosse: fecit committi*) [*sanguinis arma, Prud., Ham. 568*] Gl 2,516,23 (*1 Hs.* stôzan; *'die Waffen gegen jmdn. richten'*);

d) *mit Objektsatz u. korrelativem Pron.:* die ... mit imo uuesen neuuolton . die ferliez ouh er [*vgl. non intellegentes dimisit, Aug., En.*] NpNpw 33,1;

e) *im abs. Dat.:* furlazaneru thero menigi steig in berg eino beton *dimissa turba ascendit in montem solus orare* T 80,8; *ferner:* 76,3 (*dimittere*);

f) *im Part. Praet., eigentl.: locker:* min farlazzaniu uuarin [*superhumerale et rationale ... stricta ad balteum et annulis fortius copulata, quos iungebat vitta hyacinthina,*] *ne laxa fluerent* (*Hs.* ne laxae fierent) [, *et a se invicem moverentur, Ex. 39,19*] Gl 1,337,29; – *übertr.:* (*nach*)*lässig, zucht-, zügellos, frei, sich selbst überlassen:* farlazzaniu [*egestatem operata est*] *manus remissa* [*: manus autem fortium divitias parat* [*Prov. 10,4*] Gl 1,543,19. firlazzener [*equus indomitus evadit durus, et filius*] *remissus* [*evadet praeceps, Eccli. 30,8*] 578,3 (*5 Hss.* unzuhtîg, *1 Hs.* unchitiger). diu uerlazaña [*saepe ...*] *effrenata* [*ira spiritalis zeli virtus aestimatur, Greg., Cura 2,9 p. 28*] 2,184,17. uuanest tu dise uuerltlichen geskihte uerlazene uaren . unde stuzzelingun? *putasne hunc mundum agi temerariis et fortuitis casibus?* Nb 45,13 [36,22]. tiu habeton ouh foregeuuizeniu . ferlazena geskiht *haec etiam praecognita . habent liberos eventus* 332,1 [251,17]. mit rehte geheizent eobuoh ferlazenen uuillon . lon . ioh ingelteda *neque inique leges proponunt praemia . poenasque voluntatibus . solutis omni necessitate* 362,14 [271,8]; *ferner:* 356,13 [267,19] (*liber*).

2) *etw.* (*unter*)*lassen, nicht erfüllen, nicht tun, von etw. ablassen:*

a) *mit abstr. Akk.:* firliezun (*2 Hss. noch* argazun) [*ad pacem nostram angeli redeunt, intentionem prioris discordiae*] *postponunt* [*Greg., Hom. I,8 p. 1462*] Gl 2,279,61. uirlaze [*cum coniugatum videmus, admonendus est ut sic exerceat curam saeculi, ne*] *postponat* [*amorem dei, ebda. I,17 p. 1505*] 292,12. ze inan sihit so huuaz so fona discoom farlaazzan ist *ad ipsum* (sc. *abbatem*) *respicit quicquid a discipulis delinquitur* S 242,33. ik iuhu ... minero gitidio farlatanero 318,9 = Wa 16,12, *ähnl.* S 323,6. dhazs mittingart firleizssi diubilo drugidha endi auur aruuegodi zi sines scheffidhes huldin *ut ... omissis ... mundus daemonum simulacris reconciliaretur gratiae conditoris* I 29,23. forleazut daz heuigora dera euua *reliquistis quae graviora sunt legis* F 17,16 (*vgl. auch* T 141,17 *unter* b). forlazzente uuarlicho gotes bibot habet manno gisaznissi *relinquentes enim mandatum dei tenetis traditiones hominum* T 84,5. oba er (*Adam*) iz (*das Essen des Apfels*) firliazi O 2,6,33. si nan sar irkanta ..., thaz si garo êr firliaz, unz er sia wib hiaz 5,8,34. so diu firnumst chumit, so ni scol man umbe daz nieht firlazen dia gihorsame [*vgl. percepta sapientia non est deserenda oboedientia, Aug., En.*] Npw 118 N,104

(Np neist ufzesehenne); *ferner:* S 330,18. O 4,8,25. 5,21,4. NpNpw 118 G,53 (Np *relinquere,* Npw *derelinquere*). Np 88,32 (*lat.* 31; *derelinquere*). Npw 118 G,55 (Np *relinquere*); *in best. Verbindungen:* tuon alde firlazan: alliu diu suasio . diu darana uuas . diu ilta dero einuuederez keloublih tuon . daz iz utile uuare getan . alde uerlazen Nb 100,7 [86,30]; thisiu tuon inti thiu (anderiu) ni firlâzan *das eine tun u. das andere nicht lassen:* dhesiu kazami iu za tuoanne *enti* diu andriu ni za forlazanne *haec opportuit facere et illa non omittere* F 17,19, *z. gl. St.* thisiu gilampf zi tuonne inti thiu ni zi forlazzanne T 141,18; – *mit pronom. Gen.:* ih uuirdu gote almahtigen bigihtig ... thes alles ... thes ih ... bi minan uuizzin forliezi S 328,18;

b) *mit Objektsatz (u. korrelativem Pron.):* forliezut thiu thar heuigerun sint euua *reliquistis quae graviora sunt legis* T 141,17 (*vgl. auch* F 17,16 *unter* a). (*der Teufel*) gispuan, thaz er (*Adam*) ouh thaz firliaz, thaz druhtin inan duan hiaz O 2,5,16. ni firliaz (*das kananäische Weib*) ouh in ther noti, ni si imo folgeti 3,11,22. taranah neuerliez ouh Ambrosius nieht . er nescribe de officiis Nb 102,1/2 [88,18]; *ferner:* O 2,22,28. 4,6,50. Os 33;

c) *im abs. Dat.:* farlazanemo giduinga [*sapiens tacebit usque ad tempus: ut nimirum cum opportunum considerat,*] *postposita censura* [*silentii, loquendo quae congruunt, in usum se utilitatis impendat,* Greg.*, Cura 3,14 p. 54*] Gl 2,169,66;

d) *in Glossen ohne erkennbare Rektion:* farlazzit *dissonat (fälschlich für desinit?*) Gl 1,42,3 (*zum Lat. vgl. Splett, Stud. S. 95*). stal kipit farlazzit *cessavit desinivit* 92,24.

3) *etw. (jmdn.) unberücksichtigt lassen, übergehen, aus-, weglassen:*

a) *mit abstr. Akk.:* firlazan [*gloria eius (viri) est iniqua*] *praetergredi* [*Prov. 19,11*] Gl 1,535,64. zi forlazanne [*nihil*] *praetermitti* [*oportet, Conc. Sard. XV p. 140*] 2,148,28. zi forlazanne [*nec illud*] *praetermittendum* (Hs. *-us*) [*est, Conc. Carth. X p. 145*] 52. thoh thisu wuntar ellu warin filu stillu, ther buachari iz firliazi inti scriban ni hiazi: ... thaz eina wari uns nuzzi, habetin wir thie wizzi O 2,3,44; *im Part. Praet.:* aber dero lengi fore ferlazenemo diametro . halbiu uuirt tero finftozendun Nm 859,10 [343,21];

b) *mit abstr. Gen.* (?): firliaz ih filu thrato sinero dato O 4,1,29, *ähnl.* 35 (*vgl. auch Ahd. Wb. 3,838 s. v.* filu B V 2c);

c) *mit Objektsatz:* forlazan [*ultra*] *praetermittere* [*, quae nobis mandata sunt a nostris coepiscopis, non oportet, Conc. Afr. XLVII p. 150*] Gl 2,142,62. ni scrib ih thaz hiar allaz, joh hiar ouh ni firlaze, nub ih es waz gigruaze O 4,1,24;

d) *im abs. Dat.:* flazzanem [(*evangelista*) *caeteris*] *praetermissis* [(*Iesum Christum*) *horum (d. h. Davids u. Abrahams*) *filium nuncupavit, Hier. in Matth. 1,1, PL 26 p. 21*] Gl 2,328,5. desem (*d. h. die drei anderen Arten von Mönchen*) keuuisso farlazzanem ze samanungu starachistin chunne kesezzamees ... qhuememees *his ergo omissis ad coenobitarum fortissimum genus disponendum ... veniamus* S 197,25;

e) *in Glossen ohne erkennbare Rektion:* firlazzu *omitto* Gl 1,220,7. ferlazo *omitto* [*praeterio demitto, CGL IV,545,32*] 4,9,61.

4) *jmdn. in, zu etw. (hin)einlassen, (hin)zulassen: mit Akk. d. Pers. (auch nach abstr. Subj.) u. Präp.verb. (als Richtungsangabe), übertr.:* ni firlaze unsih thin wara in thes widarwerten fara [*vgl. ne nos inducas in tentationem, Matth. 6,13*] O 2,21,37; *in bruchstückhafter Übers.: (wer öfter als zweimal unpünktlich ist*) nisi farlazzan .. ze teilnufti .. *non permittatur ad mensae communis participationem* S 251,4.

5) *etw. zulassen, (jmdm.) etw. gewähren, (zu tun) gestatten (vgl. 6, vgl. auch die anderen Konstruktionen unter* II 1):

a) *mit abstr. Akk.:* ferkepan ferlazzan [*peculiae vero sive conlaboratum, quod (der freigelassene Haussklave*) *habet aut deinceps elaborare potuerit, sibi habeat*] *concessum [atque] indultum [Form. p. 465*] Gl 4,329,40. du farliazzi erlosida dera sunto *mineru tu remisisti impietatem peccati mei* S 215,19 . . . keleranem feorim .. fimfim pletirun .. so filu so cit farlazzit *lectis quattuor aut quinque foliis vel quantum hora permittit* 248,22; *in bruchstückhafter Übers.:* eouuit arlaube .. *edo* farleazzi *nec quicquam liceat habere quod abbas non dederit aut permiserit* 239,7 . . . farlazzit . . *si permiserit abbas* 262,23;

b) *mit Inf.-Konstr. (von trans. Verben mit folg. Akk. (u. Dat. d. Pers.)):* uuanta Moyses zi herti iuuares herzen uorliez iu forlazzan iuuara quenun *quoniam Moyses ad duritiam cordis vestri permisit vobis dimittere uxores vestras* T 100,4; *in bruchstückhafter Übers.:* .. farlazze zeohan achusti *non dicimus ut (abbas) permittat nutrire vitia* S 276,5;

c) *in Glossen ohne erkennbare Rektion:* ni laz ni firlaz *ne sinas ne permittas* Gl 1,216,9. firlaz *sine* 247,20.

6) *jmdm./einer Sache etw., jmdn. (auch: sich) überlassen, (über)geben (vgl.* 5):

a) *mit Dat. d. Pers. (nur lat. in* S 214,29; *auch als Attributsatz mit korrelativem Pron.)/abstr. Dat. u. Akk. (auch nach abstr. Subj.), eigentl. u. übertr.:* farliaz inzuntidu [(*Iosue*) *ipsam ... urbem*] *peremit (Hs. permisit) incendio [Jos. 11,11*] Gl 1,380,28. forlaz [*ei, qui vult tecum iudicio contendere, et tunicam tuam tollere,*] *dimitte [ei et pallium, Matth. 5,40*] 710,31. 5,12,30 (*di- korr. aus re-*), *z. gl. St.* themo uuolle mit thir in strite bagen inti thina tunichun neman, furlaz imo thaz lahhan T 31,4 (*remitte*). vlazan paridon [*incassum ergo per abstinentiam corpus atteritur, si inordinatis*] *dimissa motibus* [*mens vitiis dissipatur, Greg., Cura 3,19 p. 62*] Gl 2,171,60. erfirtero tunihhun farlaazzeen auh lahhan *auferenti tunicam dimittunt et pallium* S 214,29. durah heilagan tac uuas es danne der herizoho forleaz dem liutim .. den sie uueltin *per diem autem sollemnem consueverat praeses dimittere populo unum vinctum, quem voluissent* F 24,25 (*in verstümmeltem Text mit zu ergänzendem Akk.), z. gl. St.* uuas giuuon ther grauo zi forlazzanne einan themo folke fon then notbentigon, so uuenan si batin T 199,1 (*vgl. auch* 1a). uuenan uuollet ir iu fon thesen zuuein forlazzan? *quem vultis vobis de duobus dimitti* 7 (*vgl. auch* 1a). riaf imo al ingegini des lantliutes menigi; quad, uuar in liob ioh suazi, man Barabban in fliazi [*vgl. dimitte nobis Barrabam, Luc. 23,18*] O 4,22,16 (F, liazi PV; *vgl. auch* 1a); *ferner:* T 199,3 (2). 13 (*alle dimittere*). O 4,22,10 (*dimittere*). 24,33 (*zu allen vgl. auch* 1a); *mit Ellipse des Akk.* (?): forliezun (*das Eselsfüllen*) in (*den Jüngern*) *dimiserunt eis* T 116,2; – *hierher vielleicht:* ni farliez kerta suntigero uber loz rehtero *non dimisit virgam peccatorum super sortem iustorum* S 296,23 (*zum Lemma vgl. Anm. z. St.*);

– *in der Verbindung* zi hantun firlâzan: nio er (*d. i.* geuualt) dien ubelen ze handen uerlazener. scaden unde uerlornisseda tue(n) dien guoten *ne gubernacula urbium relicta improbis et flagitiosis civibus . inferrent bonis pestem* Nb 25,17 [20,30];

b) *refl.*, *mit Präp.verb.: sich auf etw. verlassen, sich auf etw. einlassen:* [an usas drohtinas ginathon sculun vui vs alla farlatan *omnes in sola divina misericordia gaudeant* (*Hs.* -antur) [Greg., Hom. II,38 p. 1645] Wa 65,22.] ni firliaz sih Krist in wara in thero liuto fara tho zi themo sinde [*vgl. ipse autem Iesus non credebat semetipsum eis, Marg. nach Joh. 2,24*] O 2,11,61.

7) (*jmdm.*) *jmdn., etw. (als Erbe) hinterlassen:*

a) *mit Akk. d. Pers./abstr. Akk. u. Dat. d. Pers.:* nibu druhtin uns firleazssi samun *nisi dominus reliquisset nobis semen* I 34,7. .. forleaz sina .. *defunctus est et non habens semen reliquit uxorem suam fratri suo* F 16,24 (*in verstümmeltem Text mit zu ergänzendem Dat. d. Pers.*), *z. gl. St.* arstarb, inti her ni habenti samon furliez sina quenun sinemo bruoder T 127,2. ih forlazzu iu sibba *pacem relinquo vobis* 165,5;

b) *mit Akk. d. Pers.:* alle sibuni ... ni furliezun samon *omnes septem ... non reli(n)querunt semen* T 127,2.

8) *etw.* (*von Konkretem u. Abstr.*), *jmdn. verlassen, im Stich lassen, aufgeben* (*vgl.* 1):

a) *mit Akk.* (*auch nach Sachsubj./abstr. Subj.*): farleiaz [*si quando nubes tabernaculum*] *deserebat* [, *proficiscebantur filii Israel per turmas suas, Ex. 40,34*] Gl 1,277,23. pirum pirum farlazan [*persecutionem patimur, sed non*] *derelinquimur* [2. *Cor. 4,9*] 766,28/29 (*vgl.* Ahd. I,494). giprestent firlazent [*sed hunc quoque quam multa*] *deficiant* [*vides, Boeth., Cons. 3,9 p. 69,56*] 2,68,43. 73,7. firlaze [*ne ... vitam doctrina*] *destituat* (2 Hss., 4 destituam) [Greg., Cura Praef. p. 1] 177,29 (1 Hs. bigeban firlâzan). 197,51 (Hss. destituam). ferliez [(*Iesus*) *agebatur a daemonio in deserto, qui, transgressis legibus, iam vulgarem consuetudinem*] *excessit* [*cupiditatum sceleribus, Beda in Matth. p. 44*] 4,313,12. ferliezc er uuereltrhike, keuuan er ihmilrhike S 94,5. so habent *dih die sunda* firlazen, nals *du sie peccata te dimiserunt, non tu illa* 158,5a,17. (*bei Tagesanbruch*) iokiuuelih irriuomo samanunga uuec terrennes ferlazit *omnis errorum chorus viam nocendi de(s)erit* H 25,3,4. (*Jesus*) furliez tho Iudeam inti gieng abur in Galileam *reliquid Iudaeam et abiit iterum in Galilaeam* T 21,10. ruorta ira hant, inti furliez sia thaz fiebar *dimisit eam febris* 48,2. uuir forliezumes alliu inti folgemes thir *nos reliquimus omnia et secuti sumus te* 106,5, *z. gl. St.* uuir ferliezen elliu unde nahfolgoton dih Npw 110,7 (Np *relinquere*). got min, got min, ziu forliezi thu mih? *deus meus, deus meus, utquid dereliquisti me?* T 207,2 = T Fragm. S. 291,6, *z. gl. St.* O 4,33,18. NpNpw 21,2. so teferit craft min, ne farlattu mi *cum deficiet virtus mea ne derelinquas me* Pw 70,9. uuanda (tiu fortuna) dih habet nu uerlazen *reliquit enim te* Nb 55,2 [45,14/15]. uuaz ube ih tih noh nehabo gareuuo uerlazen? *quid si a te tota non discessi?* 62,25 [52,18/19]. so man in (*den Affen*) iagon gestat . so heuet er daz liebera (*Junge*) uf zuze sinen brusten ... so imo daranah noten gestat . so uerlazet er daz liebera . unde indrinnet mit temo . daz imo leidera uuas [*vgl. dum* (*simia*) *vero acrius insequitur, dilectum* (*catulum*) *dimittit et fugit, Rem.*] 164,14 [138,9] (*vgl. auch* 1a). taz aber sia ferlazet . taz habet ferlazen sin uuesen . daz an dero natura stande uuas *quod vero ab hac . s. natura deficit . esse etiam quod in sua natura situm est derelinquit* 241,7 [192,14. 14/15]. min chraft habet mih ferlazzen *dereliquit me virtus mea* NpNpw 37,11; *ferner:* S 29,29. 30. 204,21/22 (*derelinquere*). H 2,4,1 (*linquere*). 2 (*deserere*). T 15,6. 55,7 (*beide relinquere*). 100,3. 103,2 (*beide dimittere*). 106,6 (*relinquere*). 133,11 (*dimittere*). 147,6. 175,6 (*beide relinquere*). O 1,18,11. 3,8,16. 24,6. 5,17,21. Pw 70,18 (*derelinquere*). Nb 35,24. 160,13/14. 240,15 (*relinquere*) [29,5. 135,13. 192,1]. NpNpw 26,10 (*derelinquere*). 33,1. 36,28 (2; *1 Beleg derelinquere*). 37,11. 22 (*derelinquere*). 39,13 (3; *1 Beleg derelinquere*). 118 A,8 (3; *1 Beleg derelinquere*). T,151. 138,16. 139,9 (*derelinquere*). Cant. Deut. 15. 18 (*beide derelinquere*). Np 26,9 (*derelinquere*, Npw lâzan). 70,11 (2; *1 Beleg derelinquere*). 18 (*derelinquere*). Npgl 87,19 (Np *derelinquere*);

b) *mit Akk. d. Pers. u. prädik. Part. im Akk.:* min munt chundet din lob . daz du mih scuoffe unde sundonten neferliezze [*vgl. peccans non derelictus sum, Aug., En.*] NpNpw 50,17;

c) *mit abstr. Dat./Dat. d. Pers. statt abstr. Akk./Akk. d. Pers.:* vvilloom eiganeem farlaazzante saar *voluntatem propriam deserentes* S 207,12. got farliet imo *deus dereliquit eum* Pw 70,11;

d) *mit Objektsatz:* keuuisso dese solihhe (*d. h. die unverzüglich Gehorsamen*) farlazzante saar dei iro sint *ergo hii tales relinquentes statim quae sua sunt* S 207,10. uuanda du neferlazest truhten die dih suochent *quoniam non derelinquis quaerentes te domine* NpNpw 9,11. die der al daz sie habent ... uuollen uerlazen [*vgl. qui possessa relinquant, Expos.*] W 114,14 [205,29];

e) *im abs. Dat.:* farlazanemu [*si non polluta es*] *deserto* [*mariti t(h)oro, non te nocebunt aquae istae amarissimae, in quas maledicta congessi, Num. 5,19*] Gl 1,277,32. farlazaneru [*in tantam autem populus Israhel dementiam venerat ut*] *deserta* [*templi vicinia ibi hostias immolaret, Hier. in Matth. 10,28, CCSL 77,71,1714*] Mayer, Griffelgl. Salzb. S. 53,73. farlazzanem allem dei doh sint in hantum *relictis omnibus quaelibet fuerint in manibus* S 249,13, *ähnl.* 255,12 (*relinquere*). forlazanero burg Nazareth (*Jesus*) quam tho ... in Capharnaum *relicta civitate Nazareth venit ... in Capharnaum* T 21,11. tho sine iungiron alle imo forlazzanemo fluhun *tunc discipuli omnes relicto eo fugerunt* 185,10; *ferner:* 19,2. 3. 9. 20,2. 89,1. 118,4 126,3. 182,6 (*alle relinquere*);

f) *in Glossen ohne erkennbare Rektion:* firlazzit *linquid* Gl 1,200,23. ebda. firlazzit *relinquid* 24. firlazzumes *linquimus* 26;

g) *im Part. Praet., adjekt.: verlassen, im Stich gelassen:* pisuichaniu firlazaniu [(*Dido zu Äneas:*) *saltem siqua mihi de te suscepta fuisset ante fugam suboles, ... non equidem omnino*] *capta* [*ac*] *deserta* [*viderer, Verg., A. IV,330*] Gl 2,653,67. ih uuas iung chit sancta ęcclesia . unde nu bin ih alt . unde noh nesah ih rehten man ferlazzenen . noh helfelosen *non vidi iustum derelictum* NpNpw 36,25; *substant.:* Ioseph chit augmentatio (merunga) . diu ist Christianorum quia multi filii desertę (*d. i. des himmlischen Jerusalems, der Kirche Christi als Mutter*) *magis quam eius quę habet uirum* (uuanda dero ferlazzinun chindo ist michil mer . danne dero diu den man habet) Npgl 80,6; – *vielleicht hierher:* faraodit farlazzan *deserta derelicta* Gl 1,106,1. farlazaniu *derelicta* 107,1. firlazaniu *destituta* [*Hom. Mart.*] 2,758,34.

9) *etw., jmdn. (an einem Ort/in einem best. Zustand (zurück))lassen, belassen (vgl. auch II 2):*

a) *mit Akk.:* forlaz in (*den Feigenbaum*) thaz eina iar, unzin ih inan umbigrabu inti mist zuogituon *dimitte illam et hoc anno* T 102,2. so wit thaz gewimez was, ni firliazun sie niheinaz (*der Kinder bis zu 2 Jahren*) O 1,20,8 ('*jmdn. am Leben lassen*'); *ferner:* T 87,7. 147,4 (3; *alle relinquere*);

b) *mit Akk. u. prädik. Best. im Akk. (u. Dat. d. Pers.): mit prädik. Adj.:* senu, nu uuirdit iu forlazan iuuer hus (*Jerusalem*) vvuosti *ecce relinquitur vobis domus vestra deserta* T 142,1, *z. gl. St.* Npw 101,24 (Np *relinquetur,* Npgl uuirt ze leibe). er thar niheina stigilla ni firliaz ouh unfirslagana O 2,4,9; – *mit prädik. starktonigem Numerale:* her ni furlazit mih einon *non relinquit me solum* T 131,11; *ferner:* 176,3 (*relinquere*); – *mit prädik. Subst.:* ni forlazzu iuuuih uueison *non relinquam vos orphanos* T 164,4;

c) *mit Akk. u. Präp.verb. (als Orts- oder Zustandsangabe), eigentl. u. übertr.: (Symeon:)* nu farlaz *scalc after uuort* dinaz fridiu *nunc dimitte* (*Sab. Anm.*) *servum tuum domine secundum verbum tuum in pace* [*Luc. 2,29*] Gl 1,734,30 (*vgl.* Voetz, Lukasgl. S. 228; *mit Instr. statt Präp.verb.*), *z. gl. St.* nu forlaz thu ... thinan scalc ... in sibba T 7,6 (*dimittis*). in dero hello da ist ... aller ubelwillo ... uerlazen in aller ahtunga uliz S 154,59. ni forlazent in thir stein obar steine *non relinquent in te lapidem super lapidem* T 116,6. pe diu sint ... die ubelen unsaligoren . in unrehtero uningeltedo . ferlazene . danne rehto ingalte *multo igitur infeliciores sunt improbi . iniusta inpunitate donati . quam iusta ultione puniti* Nb 260,1 [204,5]; *ferner:* T 27,1. 96,2. 144,2 (*alle relinquere*); *in bruchstückhafter Übers.:* .. zi firlazanne .. *seniorem tamen unum aut duos semper cum fratribus dimittendum propter disciplinam* S 262,18;

d) *mit Objektsatz u. prädik. Adj.:* daz tuant vnduruhtaan farlaazzante ... kepiotantes stimma tatim si kefolget *quod agebant inperfectum relinquentes ... iubentis vocem factis sequantur* S 207,14;

e) *im abs. Dat.:* vvuntun anagitanen giengun samiquekemo furlazanemo *plagis inpositis abierunt semivivo relicto* T 128,7.

10) (*jmdm. etw.*) *erlassen, vergeben, verzeihen:*

a) *mit Dat. d. Pers.* (*auch als Attributsatz*) *u. abstr. Akk.:* uerlaz uns *dimitte nobis* [*debita nostra sicut et nos dimittimus debitoribus nostris,* Prosp., Epigr. 38 Überschr.] Gl 2,380,33, *z. gl. St.* farlaz uns sculdhi unsero S 29,3. 22 (*beide ohne Lat.*). 44,50. T 34,6. Npw 140,6 (Np 5 *dimitte*), *ähnl.* H 2,9,3 (*remittere*). thaz ih ... sunta nifurliez themo ih mit rehtu scolta S 327,12, *ähnl.* 330,15. (*Jesus zu dem Gelähmten:*) forlaazsenu dhir uuerdant dino suntea *remittuntur tibi peccata tua* F 1,9/10, *ähnl.* 15 (*dimittere*). T 54,4 (*remittere*). (*Jesus zu der Sünderin:*) dir sint ferlazen dina sunda Npw 38,13 (Np *remissa,* Npgl belazzen); *ferner:* S 44,58 (*Hs. A = 56 B*). ebda. (*Hs. B*). 59 (*Hs. B*). ebda. (*Hs. A = 45,61 B*). 324,44. F 12,8. 18 (*beide in verstümmeltem Text mit zu ergänzendem Dat. d. Pers. u. abstr. Akk.; beide dimittere*). T 34,7 (3). 54,6 (*alle dimittere*). 62,8 (*remittere*). 99,2. 4. 121,4 (*alle dimittere*). 138,13 (2; *beide remittere*). 202,4 (*dimittere*). 232,6 (2; *beide remittere*); *in bruchstückhafter Übers.:* .. rehtlihvn ekii ze haltanne .. eovvit .. si farlazan *sciat se omnem regulae disciplinae servaturum ne aliquid ei relaxabitur* S 268,23;

b) *nur mit Dat. d. Pers.:* sama so uuir flazzames unsrem scolom *sicut et nos dimittimus debitoribus nostris* S 44,51/52, *z. gl. St.* 29,4. 22 (*beide ohne Lat.*). T 34,6. Npw 140,6 (Np 5 *dimittimus*). Orat. dom. 12 (Np belazen), *ähnl.* H 2,9,4 (*remittere*), *auch* S 45,62 (*Hs. B, vgl. Hs. A unter* d). fone diu ferlazi ih uone herzen ... allen minen scolaren 141,33/142,1 (*WB,* bilazz ich 142,3 *BB*). so huuer so *quuidit uuort uuidar* mannes su*ne forlazan imo uuirdit quicumque dixerit verbum contra filium hominis, remittetur ei* F 6,9, *z. gl. St.* T 62,8. forlazet ir, thanne forlazit man iu *dimittite, et dimittimini* 39,2, *z. gl. St.* so uuirt ouh iu uerlazen Npw 111,5 (Np *dimittetur,* Npgl uuirt ... fergebin); *ferner:* S 45,61 (*Hs. A*). 62 (*Hs. A = 61 B*). 224,16 (*dimittere*). F 6,11 (*remittere*). T 34,7 (*dimittere*). 62,8 (*remittere*). 98,1. 4 (*beide dimittere*). 99,5 (*remittere*). 138,13 (*dimittere*). Npw 105,24 (Np 23 *dimittere*). 108,7;

c) *nur mit abstr. Akk.:* gnade mir, almahtiger got, unde uerlaze mine schulde S 360,104. mannes sunu *habet gauualt in herdhu za forlazanne suntea filius hominis habet potestatem in terra dimittendi peccata* F 1,18, *ähnl.* T 54,7 (*dimittere*); *ferner:* F 6,8 (*remittere*). T 54,5 (*dimittere*). 62,8 (*remittere*). 138,14 (*dimittere*). Npw 105,24 (Np 23 *dimittere*);

d) *abs.:* soso ouh uuir farlazzames *sicut et nos dimittimus* S 224,16/17. forlazet ir, thanne forlazit man iu *dimittite, et dimittimini* T 39,2, *z. gl. St.* Npw 111,5 (Np *dimittite,* Npgl fergebent); *ferner:* S 45,62 (*Hs. A, vgl. Hs. B unter* b). T 121,4 (*dimittere*); – *als Part. Praet. hierher (?):* untar zuuein zi mittilothe farlazzan *retiproga* (*i. e. reciproca*) *ad vicem remissa* Gl 1,239,4. farlazzaniu *remissa* ebda.

II. firlâzan *nach Art eines Hilfsverbs mit Inf. eines weiteren Verbs:*

1) *mit Akk. d. Pers. m. Inf.* (*bei trans. Verben mit Akk.*)*: etw. geschehen lassen, jmdn. etw. tun lassen* (*vgl. auch die anderen Konstruktionen unter* I 5)*:* ni flaz unsic ... den tiuual so fram gachoron S 45,65 (*Hs. A = 69 B*). fona soliheru sprahhv discun intluhhan mund ni farlazzamees *a talia eloquia discipulum aperire os non permittimus* 209,17; – *im Imp. auch ohne abstr.* (*pronom.*) *Akk.* (?)*:* flaz uessan *sine modo.* Pulchre [*dixit,* Hier. *in Matth. 3,15, PL 26,31B*] Mayer, Glossen S. 80,13 (*vgl.* Glaser, Griffelgl. S. 498,13a).

2) firlâzan *mit Inf. eines weiteren Verbs* (*zur Bed.- verstärkung*) *u. Akk. d. Pers. u. Präp.verb.: in der Verbindung* sizzen firlâzan *jmdn. an einem Ort zurücklassen* (*vgl. auch* I 9)*:* her (*Hadubrant*) furlaet in lante luttila sitten prut in bure, barn unwahsan arbeo laosa S 3,20.

Komp. selbfirlâzan; *Abl.* firlâzano, firlâzanto; ?firlâz, firlâzanî, firlâzannissî, firlâzâri, firlâznessi, -nissi, firlâzunga; *vgl.* unfirlâzan.

[Hagl]

fora-**lâzan** *red. v., mhd.* vorlâʒen, *nhd.* vorlassen. – *Graff II,312 f.*

Praes.: **lâz-** ... **fore:** *1. sg.* -o Nk 477,21 [123,1/2]; *3. sg.* -et Nb 76,16 [65,23]; **fore-lâzet:** *dass.* Nm 859,7/8 (*dazu S.* CLXXXXI,26) [343,19 (*Hs. F,* -a- *Hss. LMN, alle Hss. getrennt geschr.*)]. – *Kurzform in der 2. Pers. Sing. Imp.* (*vgl.* Braune, Ahd. Gr.[15] § 351 Anm. 2, Paul, Mhd. Gr.[23] § 287)*:* **la fora:** Nm 858,5 (= *S.* CLXXXX,7) [341,20 (*Hs. L*)]; **lâ** (...) **fore:** 857,24. 29. 858,5. 11 (*dazu S.* CLXXXX,16/17). 14/15. 17/18 (*dazu S.* CLXXXX,26). 22 (*dazu S.* CLXXXXI,2/3). 25/26. 26/27 [341,12 (*Hs. F,* la *Hss. LN*). 16 (*Hss. FL*, la *Hs. N*). 20 (*Hs. F*, la *Hs. N*). 343,1/2 (*Hss. FM*, la *Hss. LN*). 4 (*Hss. FM*, la *Hss. LN*). 4 Anm. (*Hs. M*, la *Hss. LN*). 7 Anm. (*Hs. L;* la, fore *korr. aus* fere *Hs. N*). 7 (*Hss. FLM*, la *Hs. N*). 8 (*Hss. FM*, la *Hss. LN*)].

Praet.: **liez** ... **uore:** *1. sg.* Ni 576,2/3 [92,27/93,1].

etw., jmdn. unberücksichtigt lassen, auslassen:

a) *mit Akk.:* tar si (*fortuna*) chit priuato . dar lazet si echert ten chuning fore Nb 76,16 [65,23]. fone diu liez ih tiu uore . uuanda alle mahte . oppositorum nieht mahtige nesint Ni 576,2/3 [92,27/93,1]. la daranah fore an dero anderun suegelun lengi . zuene ahto teila des diametri [*vgl. in secundae longitudine excipiantur duae octavae partes diametri, Prima*] Nm 857,29 [341,16]; *ferner:* 24. 858,5. 11. 14/15. 17/18. 22. 26/27. 859,7/8 [341,12. 20. 343,1/2. 4. 4 Anm. 7 Anm. 8. 19];

b) *mit Objektsatz:* âne diu lazo ih fore dien naturlicho io daz eina anaist . âna daz ander [*vgl. exceptis his quibus una contrarietas insita est per naturam, Boeth., Comm. Cat.*] Nk 477,21 [123,1/2]. la an dero eristun fore . so uilo des diametri si Nm 858,25/26 [343,7].

fram-**lâzan** *red. v. – Graff II,313.*

Praes.: **fram-lazzit:** *3. sg.* Gl 1,140,29 (*PaK*).

Praet.: **liez-** ... **fram:** *3. pl.* **-un** O 4,30,24 (*PV*); **-an** ebda. (*F*).

fralakti Gl 2,618,61 *s. Ahd. Wb. 3,1211 (anders Gl.-Wortsch. 5,483 (s. v.* fram-lâzan), *Ahd. Gl.-Wb. S. 851 (s. v.* fir-lâzan)).

1) *etw. hervorkommen lassen, nicht zurückhalten, übertr.:* thaz sceltan liezun se allaz fram, thaz in zi muate tho biquam [*vgl. illudentes dicebant, Matth. 27,41*] O 4,30,24.

2) (*etw., jmdn.*) *aufgeben, verlassen:* framlazzit disserat (*Pa, disserit K*) Gl 1,140,29 (*zur Verwechslung mit lat.* deserit *vgl. Splett, Stud. S. 211*).

furi-**lâzan** *red. v., mhd.* vürlâʒen, *nhd.* (*älter*) *fürlassen.*

Part. Praet.: **furi-lazan** Gl 1,231,7 (*Ra; oben am -r- rad., vgl.* Gl 5,88,33); *als verstümmelte Form vielleicht hierher:* **-laz...:** Beitr. 52,156 (*clm 4614, 8. Jh.; zur schlechten Lesbarkeit der Griffelgll. vgl. die Hs.-Beschreibung* Gl 5,65; *wohl kaum 2. sg. imp.*).

1) (*etw.*) *hervorkommen lassen:* forapraht furilazan prolata (*Hs.* plorata) emissa Gl 1,231,7.

2) (*etw.*) *auflösen:* furilazan [*intuendum est, ne dum immoderatius custoditur virtus humilitatis,*] solvantur [*iura regiminis, Greg., Cura 2,6, PL 77,36D*] Beitr. 52,156.

gi-**lâzan** *red. v., mhd.* gelâʒen, -lân; *mnd.* gelâten, *mnl.* gelaten; *ae.* gelǽtan. – *Graff II,303 f.*

Nb, Nc, Np -â(-).

Praes.: **ca-lazz-:** *1. pl.* **-ames** Gl 2,249,37 (*Berl. Lat. 4° 676, 9. Jh.*); **ki-:** *inf.* **-in** 683,63; **ke-:** *1. sg.* **-o** Thoma, Glossen S. 12,24 (*-'z-*); *2. sg.* **-est** Np 93,2; **gi-:** *1. sg.* **-o** Gl 1,390,17 (*S. Paul XXV d/82, 9./10. Jh.*); *3. sg.* **-et** 2,516,40; *2. sg. conj.* **-ist** S 148,10 (*BB*); **-ast** 184,20; *inf.* **-en** 141,22 (*BB*); **ge-:** *dass.* ebda. (*WB*); **ca-laz-:** *1. sg.* **-o** Gl 2,70,56; **ki-:** *3. sg.* **-it** 516,40; **ke-:** *dass.* **-et** Nb 83,20 [72,12]. Nc 800,3 [118,14]. Np 148,14; *2. sg. imp.* **-]** Thoma, Glossen S. 7,1; *inf.* **-en** 2,18; **-in** Gl 2,694,7; **gi-:** *1. sg.* **-u** 4,81,54 (*Sal. a1, 2 Hss.*); *3. sg.* **-it** 1,693,28 (*M, 4 Hss.*). 2,80,48. 134,64 (*M, 5 Hss.*). 283,35 (*M, 2 Hss.*). Npw 148,16; *3. pl.* **-ent** Gl 2,667,68; **-ænt** 628,63 (*Hs. korr.* -a- *über zu tilgendem*

-iez-, *lat. perf.*); *1. sg. conj.* **-e** O 5,7,36; *2. sg. conj.* **-es** 3,12,40 (*FP*); *3. sg. conj.* **-e** Gl 2,668,26; *1. pl. conj.* **-ames** 276,14 (*M, 2 Hss.*); *2. sg. imp.* **-]** O 5,23,164; *inf.* **-an** Gl 2,438,66 (*2 Hss.*); **ge-:** *1. sg.* **-v** 4,81,55/56 (*Sal. a1*); **-e** 152,44 (*Sal. c*); *2. sg.* **-est** S 142,3 (*WB*); *3. sg.* **-et** Nb 120,1. 297,14 [103,20. 227,16]. Np 118 D,29; *2. sg. imp.* **-]** Gl 2,771,8; **gi-last:** *2. sg.* S 142,6 (*BB*). – *Kurzform in der 2. Pers. Sing. Imp.* (*vgl.* Braune, Ahd. Gr.^{15} *§ 351 Anm. 2*, Paul, Mhd. Gr.^{23} *§ 287*): **ke-la:** Np 118 O,111; **gi-:** S 148,14 (*BB*). Npw 118 O,111; **ge-:** Nc 725,19 [42,10].

Praet.: **gi-liezzi:** *3. sg. conj.* Gl 2,193,48 (*M*); **gi-liaz:** *1. sg.* O 5,7,38; *2. sg.* **-]i** 4,33,18; *3. sg.* **-]** 3,2,36; **ke-liez:** *dass.* Gl 1,789,61. Np 65,17. 108,31; **gi-:** *dass.* Gl 2,651,50. 667,38. Npw Cant. Mariae 49; *3. sg. conj.* **-]i** 2,174,16 (*clm 6277, 9. Jh.*). 193,47 (*M, 3 Hss.*); **ge-:** *1. sg.* **-]** 361,37; *3. sg.* **-]** Nb 13,1 [10,25]. Np Cant. Mariae 49. Npw 108,31; **ghe-:** *dass.* Gl 4,263,1 (*Oxf. Laud. lat. 92, 9. Jh.; zu* gh- *vgl.* Bergmann, Mfrk. Glossen S. 293). – *Kurzform* (*vgl.* Braune a. a. O., Paul a. a. O.): **gi-lie:** *3. sg.* Gl 2,600,70 (*M*). 602,57 (*M, 2 Hss.*).

Verschrieben: **ge-lazii:** *1. sg.* Gl 4,81,55 (*Sal. a1*); *als verstümmelte Form vielleicht hierher:* **..ent:** *3. pl.* 2,643,54 (*l.* gilazent (?), *vgl.* Steinm.; *lat. perf.*).

cleisuh Gl 2,591,52 (*oder* cleisiz? *Vgl.* Beitr. 73,205) *s. Ahd. Wb. 2,12 (anders Gl.-Wortsch. 5,483 (s. v.* gilâzan), *Ahd. Gl.-Wb. S. 325. 901 (s. v.* keisur)).

giliez Gl 1,744,1 *s.* gi-heizan (*anders Gl.-Wortsch. 5,484 (s. v.* gilâzan)).

I. gilâzan *als selbständiges Verb:*

1) *jmdn., etw. zu, in etw.* (hin)zu-, (hin)einlassen: *mit Akk. d. Pers./abstr. Akk. u. Adv./Präp.verb.* (*als Richtungsangabe*), *in einem Bilde u. übertr.:* thaz ... ouh den insliazes (*die Türen zum Himmelreich*), die du dar zua gilazes O 3,12,40 (*FP*, giliazes *V*). ni mag ih thaz irkoboron, theih iamer frawolusti gilaze in mino brusti 5,7,36; *ferner:* 38; *erw. mit refl. Dat.:* gilaz thir thara (*zum Himmelreich*) thinaz muat 23,164 ('*den Sinn auf etw. richten'; vgl. Ahd. Wb. 2,276 s. v.* thara).

2) *etw. zulassen,* (*jmdm./einer Sache*) *etw. gestatten, zugestehen, gewähren* (*vgl. 3, vgl. auch die andere Konstr. unter II*):

a) *mit abstr. Akk.* (*u. Dat. d. Pers./Sache; auch nach abstr. Subj.*):

α) *mit abstr. Akk.:* giliezi [*quibus dum in magna honestate coniugii aliquid de voluptate* (apostolus)] largiretur [, adiunxit: ..., Greg., Cura 3,27 p. 80] Gl 2,174,16. 193,47. gilazzet praestet (*1 Hs. noch* eligit, *1* -et) [*et alterutram permissa licentia sortem, Prud., Ham. 707*] 516,40. al daz si fone dien rebus saget . die fortuna gelazet . so opes sint . unde dignitates . unde potentię . uuio murgfare die sin ... daz ist al disputatio Nb 120,1 [103,20]; – *mit Ellipse des Akk.* (?): gilazit [*quatuor autem tam de redditu, quam de oblatione fidelium, prout cuiuslibet ecclesiae facultas*] admittit [*... convenit fieri portiones, Decr. Gel. XXVII p. 245*] Gl 2,134,64. gilazit [*quia qui caelestis vitae dulcedinem, inquantum possibilitas*] admittit [*, perfecte cognoverit, ea quae in terris amaverat, libenter cuncta derelinquit, Greg., Hom. I,11 p. 1473*] 283,35;

β) *mit abstr. Akk. u. Dat. d. Pers./Sache:* gelaz dine stunda [*ergo gradum retinens, et prisca volumina linquens,*] cede dies [*operi, quod pia causa iuvat, Ar., Ep. ad Flor. 24*] Gl 2,771,8. gheliez concessit [*ergo dominus vitam mihi, sicut pollicitus est usque in praesen-*

tem diem, Jos. 14,10] 4,263,1. dara nah bito ih, daz du mir gilazzast aller dero tuginde teil, âna die noh ih noh nieman dir lichit *deinde precor, domine, ut omnium virtutum, sine quibus nullus tibi placere potest, particeps fieri merear* S 184,20. thiu zit ... thaz imo (*dem Hauptmann von Kapernaum*) iz druhtin so giliaz, thia selbun ganzida (*seines Sohnes*) gihiaz O 3,2,36. er irhohet daz horn sines liutes. so er in ze zeseuuun sezzet. unde imo sina anasiht kelazet NpNpw 148,14 (= Npw 16). ih purlichota in (*Gott*) tougeno. under minero zungun ... Daz keliez er minero selo Np 65,17; *ferner:* S 141,22. 148,10. NpNpw 108,31. 118 O,111. Np 93,2; *in der Verbindung* frist gilâzan: fone diu ferlazi ih ... in daz selbe gedinge, nah diu so du, got almahtiger, mir frist gelazest, allen minen scolaren S 142,3 (*WB*, uerrost gilast 142,6 (*BB*) *vgl. unter* 8);

b) *mit Objektsatz* (*u. korrelativem Pron. u. Dat. d. Pers.*): gilazan [*Hippolyto ... Christus posse dedit, quod quis postulet,*] adnuere (*Glossen: adiuvare, tribuere, concedere*) [*Prud., P. Hipp. (XI) 182*] Gl 2,438,66. gila mir ..., daz ich rehte riuonte uone dir enphahe ... den dinen tiuren antlaz S 148,14. (*Merkur zu Jupiter:*) gela dinemo sune. daz er manegi nefon geuuinne *concede proli quo nepotum provehat numerum* Nc 725,19 [42,10]. daz Osiridi sine arbeite dient. taz kelazet imo Mercurius 800,3 [118,14];

c) *mit* zi + *flekt. Inf.* (*von trans. Verben mit folg. Akk./Objektsatz* (*u. Dat. d. Pers.*)): gilazent [(*Aeneas:*) *nequa mora ignaros, ubi primum vellere signa*] adnuerint [*superi ..., inpediat, Verg., A. XI,20*] Gl 2,667,68 (*vgl. cum divi iusserint, Serv.*). genade mir mit dinero lege. mit lege fidei. diu uns per gratiam gelazet diu zetuonne. diu uuir fone uns selben getuon nemahtin [*vgl. haec est lex fidei, qua credimus et oramus per gratiam nobis donari, ut faciamus quod per nosmetipsos implere non possumus, Aug., En.*] Np 118 D,29 (Npw diu uns gelazen ist ... ze tuonne);

d) *in Glossen ohne erkennbare Rektion:* gilazu *nuo nuis .i. nodo* (*i. e. nuto, Steinm.*) Gl 4,81,54. gelaze *nuo .i. volo* 152,44.

3) *jmdm./einer Sache etw./jmdn.* (*auch: sich*) *überlassen,* (*über*)*geben* (*vgl. 2*):

a) *mit Dat. d. Pers. u. Akk. d. Pers.* (*u. prädik. Subst. im Akk.*)/*abstr. Akk., eigentl. u. übertr.:* giliez [(*Neoptolemos*) *me* (*sc. Andromache*) *famulo famulam ... Heleno*] transmisit [*habendam, Verg., A. III,329*] Gl 2,651,50 (*vgl. herili voluntate, non lege coniugii, Serv.*). kelaz mir dina era *vende mihi inquit primogenita tua* [*Comm. in Gen.* = *Gen. 25,31*] Thoma, Glossen S. 7,1. dir cestiuro. kelazzo *tibi concedo* [*zu: omnia quae cernis, mea sunt, Comm. in Gen.* = *Gen. 31,43*] 12,24. druhtin min ... ziu irgazi thu min, sus garo mih firliazi joh fianton giliazi? O 4,33,18. vuanda mir geliez michel ding der mahtig ist. unde des namo heilig ist *quia fecit mihi magna qui potens est. et sanctum nomen eius* NpNpw Cant. Mariae 49;

b) (*mit Dat. u.*) *refl. Akk.* (*auch nach abstr. Subj.*), *eigentl. u. übertr.:* keliez sih [*cum* (*Christus*) *pateretur, non comminabatur:*] tradebat (Hs. -bant permittebat) [*iudicanti*] se [*iniuste, 1. Pet. 2,23*] Gl 1,789,61. gilie [*Fadus vero non in longum vecordiae eius* (*des Volksbetrügers Theudas*)] indulsit [*Ruf., Hist. eccl. II,11 p. 131/132*] 2,600,70. gilazænt [*multa adeo gelida melius se nocte*] dedere [*, aut cum sole novo terras inrorat Eous, Verg., G. I,287*] 628,63 (*vgl. per noctem melius nostro obsequuntur labori, Serv.; 'sich fügen'*). kilazzin [*his* (*herbis*) *ego saepe lupum fieri et*] se condere [*silvis Moerim ... vidi, ders., E. VIII,97*] 683,63. dic kelazin [(*die Erscheinung der Krëusa zu Äneas:*) *quid tantum insano iuvat*] indulgere (*vgl. permittere, Serv.*) [*dolori, o dulcis coniunx? ders., A. II,776*] 694,7; *mit* zuo *u.* zi + *Dat. d. Pers.:* geliez mih zuo ze dir *me* [*tibi* (*Persius dem Cornutus*)] supposui (Hs. sep-; (*i. ad te segregavi*)) [*Pers. 5,36*] 361,37 (*zum Lat. vgl. Ahd. I,609*); *mit Präp.verb. statt abstr. Dat.* (*als Zustandsangabe*): uuer ist ter sih kelazet in ungedulte. er neuuelle uuehsal tuon sines tinges. souuio iz stat? *quis est ille tam felix. qui cum dederit manus inpatientiae. non optet mutare statum suum?* Nb 83,20 [72,12].

4) *refl.: sich* (*von irgendwo*) *nach irgendwohin,* (*zu jmdm.*) *nieder-, herablassen, mit Adv./mit lat. Dat., eigentl. u. übertr.:* calazzames [*valde enim difficile est, ut lingua saecularium mentem non inquinet ...: quia dum plerumque eis ad quaedam loquenda*] condescendimus (Hs. condi-) [*Greg., Dial. 3,15 p. 313*] Gl 2,249,37. (*in einem Bilde:*) gilazent [*post ubi iam thalamis* (*apes*) *se*] conposuere [*, siletur in noctem, Verg., G. IV,189*] 643,54. giliez [*haec* (*sc. Iuno*) *ubi dicta dedit, caelo se protinus alto*] misit [*ders., A. X,634*] 667,38. souuaz sih nideror gelazet. tanne ze ebenmuoti. alde hohor gestiget. taz ferliuset tia saligheit. unde darbet tes lones *quicquid ... infra subsistit* Nb 297,14 [227,16]; *in der Verbindung* sih thara gilâzan *sich einer Sache zuwenden:* za demo laze. daz uvir unsih dara ni gilazames [*nulla nos detractio ad iram provocet, atque*] ad remissionem [*inutilis gratiae nullus favor inclinet, Greg., Hom. I,6 p. 1454*] Gl 2,276,14 (*3 Hss. nur* zi themo lâze, *1 Hs.* zi themo lâze. thaz uuir unsih thara ni lâzamês).

5) *refl.: sich* (*von irgendwo*) *entfernen:* gilie [*sed et hoc beneficio loco*] cesserat [*, si comprehensum vivum licuisset evadere, Ruf., Hist. eccl. III,6 p. 203*] Gl 2,602,57. gilaze [*ipsum* (*sc. Turnum*) *optestemur ....:*] cedat [*, ius proprium regi patriaeque remittat, Verg., A. XI,359*] 668,26 (*vgl. pulsus abi, Serv.*). to snifta nider daz sus erstouta gezuahte (*der Musen*). Unde uore schamon irrotende. geliez iz sih *tristis limen excessit* Nb 13,1 [10,25].

6) (*auf etw.*) *verzichten:* gilazzo *cedo* [*iuri propinquitatis: neque enim posteritatem familiae meae delere debeo. Tu meo utere privilegio, Ruth 4,6*] Gl 1,390,17.

7) (*jmdn.* (*zu etw.*), *etw.*) *veranlassen: mit* (*in der Glosse nicht übers.*) *Akk. d. Pers. u. Präp.verb.:* gilazit [*idque omnium videbitur iniquissimum ... vel puniri improbos vel remunerari probos quos ad alterutrum non propria*] mittit [*voluntas, Boeth., Cons. 5,3 p. 129,88*] Gl 2,80,48; – *mit Ellipse des Akk.* (?): gilazit [*auxilium feret gens Iudaeorum* (*den Römern*), *prout tempus*] dictaverit [*, corde pleno, 1. Macc. 8,25*] Gl 1,693,28.

8) *jmdm. vergeben* (?): vone diu bilazz ich ... in daz selba gidinge, nah diu so du, got alemahtige, mir uerrost gilast, allen minen sculdigon S 142,6 (*BB, vgl.* 142,3 (*WB*) *unter* 2a).

II. gilâzan *nach Art eines Hilfsverbs mit Inf. eines weiteren Verbs* (*auch Passiv*): *mit abstr. Akk./ Akk. d. Pers. m. Inf.* (*bei trans. Verben mit Akk.*): *zugestehen, einräumen, daß etw. geschieht, jmdn. etw. tun lassen* (*vgl. auch die anderen Konstruktionen unter I 2*): calazo [*quoque uno felicitatem minui tuam vel ipsa*] concesserim [*, tui desiderio lacrimis ac dolore* (*uxor*) *tabescit*, *Boeth.*, *Cons. 2,4 p. 32,21*] Gl 2,70,56. sîd ôr doch si io nionaltre neuuolta kelazen ferstan [(*Gott*)] *quos* (d. h. *die ersten Menschen*) *tamen* (*fehlt Ausg.*) *nunquam permitteret* (*Ausg. -misit*) *advertere* [*nuditatem suam, Comm. in Gen., PL 107,493A*] Thoma, Glossen S. 2,18.

Abl. gilâz, gilâzanî, vgl. thuruhgilâz.

[HAGL]

hera-in-**lâzan** red. v., nhd. hereinlassen.

Praet.: **liez hara-in:** *3. sg.* Nb 11,23/24 [9,24/25 (hara in)] (*vgl. auch Ahd. Wb. 4,961 s. v.* hera B II 2b).

jmdn. zu jmdm. hereinlassen: mit zi + Dat. d. Pers., *in einem Bilde:* uuer liez harain ze disemo siechen . tise geuueneten huorra ze theatro (d. h. tie meteruuurkun)? *quis permisit has skenicas . i. theatrales meretriculas* (sc. *poeticas Musas*) *accedere ad hunc aegrum?*

hina-**lâzan** red. v., mhd. hinlâȝen, nhd. hinlassen. – *Graff II,313.*

Praes.: **lazen ... hina:** *1. pl.* Npgl 13,5. 17,44 (*vgl. auch Ahd. Wb. 4,1101 s. v.* hina A III; *zur Endg. vgl.* Braune, *Ahd. Gr.*[15] *§ 307 Anm. 5*).

jmdn. (weg)gehen lassen: mit Akk. u. prädik. Part. im Akk.: si dimiserimvs evm vivum . secvlum post illvm ibit (lazen uuir in hina lebenten so uolget imo alliu de uuerlt) Npgl 17,44 (NpXgl *nur* lazin, Npw uerlazen); *mit Akk. u. Adv.* sô: si dimittimvs evm sic . omnes credent in evm (lazen uuir in so hina so gloubint se alle an in) 13,5 (Npw *nur* laze).

in-**lâzan** red. v., mhd. înlâȝen, nhd. einlassen; mnd. inlâten, mnl. inlaten; afries. inleta; ae. inlǽtan (*vgl.* Bosw.-T., *Add. S. 44*). – *Graff II,306.*

Praes.: **in-lazzit:** *3. sg.* Gl 1,178,34 (*PaK*); **-laz-:** *dass.* **-it** ebda. (*Ra*); *inf.* **-en** Nc 745,24 [61,6] (-â-; *lat. Passiv*).

(*etw.*), *jmdn. (hin)ein-, hereinlassen:* inlazzit inuuirfit *incutit inmittit* Gl 1,178,34. hiez er (*Iupiter*) inlazen daz herote dero goto *deorum senatum iussit admitti* [*vgl. recipi, Rem.*] Nc 745,24 [61,6].

in-fir-**lâzan** red. v., mhd. înverlâȝen, -lân (*vgl. DWb. III,334 f. s. v.* einverlassen). – *Graff II,312.*

Part. Praet.: **in-fer-lâzen:** Nc 756,6/7. 757,24 [72,1. 73,14].

jmdn. (hin)ein-, hereinlassen: so uuurten do inferlazen Iouis sune (*Mars u. Liber*) *dehinc admissi* [*vgl. recepti, Rem.*] *tonantis ipsius filii* Nc 757,24 [73,14]; *ferner:* 756,6/7 [72,1] (*admittere*).

int-**lâzan** red. v., mhd. entlâȝen, -lân, nhd. entlassen; mnd. entlâten, mnl. ontlaten; ae. onlǽtan. – *Graff II,305 f.*

Nb, Nc, Np -â-.

Praes.: **ant-lazz-:** *1. sg.* **-u** Gl 1,132,35 (*Pa*); **nint-:** *3. sg.* **-it** 88,30 (*Pa*); **in-:** *1. sg.* **-u** 132,35 (*K*); *part.* **-andi** 148,9 (*K; zur Wiedergabe von lat. Fem. mit ahd. Part. Praes. vgl. v.* Guericke § 24, *vgl. aber den Ansatz* intlâzantî *st. f. im Ahd. Gl.-Wb. S. 306*); **int-laz-:** *3. sg.* **-it** H 4,2,1. Npw 118 I,70; **-et** Nb 125,12. 230,31 [108,2. 185,27]. Np 118 I,70; *3. sg. conj.* **-e** Gl 2,668,27 (-ʰlaze, *mit nachträglichem, etymol. unberechtigtem* h-). H 15,1,4; **ent-:** *inf.* **-an** Gl 2,30,44. Tiefenbach, Aratorgl. S. 24,11; *part. nom. pl. m.* **-ente** Gl 1,770,21; **in-:** *1. sg.* **-u** 132,35 (*Ra*). T 19,6 (-t- *vor* -l- *ausrad.*); *3. sg.* **-it** Gl 2,630,20. 633,11; *2. sg. imp.* **-**] 1,188,7 (*KRa*). 2,637,2 (*anders Gl.-Wortsch.* 5,484 (s. v. in-lâzan)); **en-:** *part. nom. pl. m.* **-ende** 1,770,21; **-endi** 22. 5,21,28.

Praet.: **int-lez:** *1. sg.* S 315,19 (*Ausg.* -liez; *oder verschr.?*); **-liez** *3. sg.* Gl 2,76,26 (-a̦ieȝ, *Rasur von* -e). NpNpw 113,8; **in-:** *dass.* Gl 2,1,20. 656,9. 709,39.

Part. Praet.: **int-lazzaner:** *nom. sg. m.* Gl 1,468,31 (*Rf*); **-lazen-:** *nom. sg. f.* **-iu** Nc 716,29 [33,20] (*lat. prs.*); **in-:** *dat. pl.* **-en** Gl 2,709,19.

Verschrieben: **un-laz:** *2. sg. imp.* Gl 1,188,7 (*Pa*); **et-lazen:** *inf.* 2,773,31 (*mit fehlendem Nasalstrich (?), vgl.* Schlechter, Aratorgl. *S. 128 f., 173*); **lazzit:** *3. sg.* 1,88,30 (*K; zur Konjektur* nent- *vgl.* Splett, Stud. *S. 153; anders Gl.-Wortsch.* 5,484 (s. v. in-lâzan)); *verstümmelt:* **in-laz..:** *dass.?* 2,671,46 (*l.* inlazit (?), Steinm.; *anders Gl.-Wortsch.* 5,484 (s. v. in-lâzan)).

antlazzot, -et Gl 4,72,14 *s.* antlâzôn (*anders Gl.-Wortsch.* 5,484 (s. v. int-lâzan)).

1) *etw. von sich lassen, loslassen, wieder hergeben; etw. lockern, (auf)lösen, entspannen:*

a) *eigentl.:* intliez [*hanc* (sc. *virgam*) *si curvans dextra*] *remisit* [, *recto spectat vertice caelum*, Boeth., *Cons. 3,2 p. 55,29*] Gl 2,76,26. inlazit [*verum ubi ... Iuppiter* (*vgl. aër, Serv.*) *uvidus austris denset erant quae rara modo, et quae densa*] *relaxat* (*recrescit*) [, *vertuntur species animorum*, Verg., G. *I,419*] 630,20. inlazit [(*terra, quae*) *bibit umorem et, cum volt, ex se ipsa*] *remittit* [, ... *illa tibi laetis intexet vitibus ulmos*, ders., G. *II,218*] 633,11. inliez [*vix primos inopina quies*] *laxaverat* [*artus* (*des Palinurus*), ders., A. V,857] 656,9. inthlaze [*ipsum* (sc. *Turnum*) *optestemur ...: cedat, ius proprium regi patriaeque*] *remittat* [*ebda. XI,359*] 668,27. uuenita inlazit [*Aeneas instat contra* (sc. *Turnum*) *telumque*] *coruscat* [*ingens arboreum, ebda. XII,887*] 671,46. daz muade ruachom lihamun slaf intlaze firru *ut fessa curis corpora somnum relaxet otio* H 15,1,4. meistar, alla thesa naht arbeitente niouuiht ni gifiengumes, in thinemo uuorte inlazu ih thaz nezzi *in verbo autem tuo laxabo rete* T 19,6; zugila **intlâzan:** inlazenen zugilon [*furit*] *inmissis* [*Volcanus*] *habenis* [*transtra per et remos et ... puppis*, Verg., A. V,662] Gl 2,709,19. inliez zugila [*iungit equos auro genitor* (sc. *Neptunus*) *spumantiaque addit frena feris manibusque omnis*] *effundit* (Hs. *effudit*) *habenas* [*ebda. V,818*] 39;

b) *bildl.:* then zuhil intlâzan: intlazet si (*d. i. tiu minna*) den zuol . souuaz nu geminne ist . taz peginnet sar fehten *hic si remiserit frena . quicquid nunc amat invicem . geret bellum continuo* Nb 125,12 [108,2];

c) *übertr.:* entlazan [*nescius interea curis*] *laxare* [*quietem Paulus in orbe docet*, Ar. *II,307*] Gl 2,30,44. 773,31. Tiefenbach, Aratorgl. S. 24,11; (*zugila*)/zuhil **intlâzan** (*die*)/den Zügel lockerlassen: inliez [*omnibus his* (sc. *epulis*) *licito genitor promptissimus uti praestitit et totas vitae*] *laxavit* [*habenas, Av., Poem. lib. 2,174*] Gl 2,1,20. herro allero chuningo ... des uuerltzimberes zuol zihet er . unde intlazet er *orbis ... habenas temperat* Nb 230,31 [185,27]; – ni **intlâzan** *fest-, zurückhalten:* anchlepet habet uuarit faruuarit nintlazzit *coercit tenit vetat prohibet cohibet* Gl 1,88,30 (*zu K s. Formenteil*); – im Part. Praet., adjekt.: *gnädig gestimmt, aufgeschlossen:* intlazzaner [*principes Iuda ... adoraverunt regem, qui*] *delinitus* (Hs. *delenitus*) [*obsequiis eorum, acquievit eis*, 2. *Paral. 24,17*] Gl 1,468,31.

2) *refl.: sich* (*zu etw.*) *erweichen, bildl.:* aber nah sinero resurrectione do er uuas interpres scripturarum ... unde in spiritum sanctum gab . do intliez er (*Christus*) sih unde uuard in fons aquę salientis in uitam ęternam [*vgl. seipsum enim et quamdam duritiam liquefecit ad irrigandos fideles suos, Aug., En.*] NpNpw 113,8. iro (*d. i.* dero ubermuoton) herza ist kerunnen also milch . ist ferhertet . unde neintlazet sih ze guote 118 I,70.

3) *etw. unterlassen, von etw. ablassen:* entlazente [*vos domini eadem facite illis* (*sc. servis*),] *remittentes* [*minas: scientes quia et illorum, et vester dominus est in caelis, Eph. 6,9*] Gl 1,770,21. 5,21,28. so si (*Virtus*) do gehorta daz iz Philologia uuas ... so uuard si is so fro . daz si ioh eteuuaz iro guonun hartun intlazeniu . den lichamen erscutta *ut aliquanto de ingenito rigore descendens* [*vgl. deficiens, Hs. Bern 56, K.-T. 4A,51*] . *etiam corpore moveretur* Nc 716,29 [33,20].

4) (*etw.*) *verzeihen* (*?*)*:* antlazzu *exuror* (*i. e. exoro*(*r*)) Gl 1,132,35 (*zum lat. Lemma vgl. Albers, Abrog. S. 170*). inlaz *ignosce* 188,7.

5) *intrans.: einer Sache nachgeben, vor etw.* (*zurück*)*weichen:* inlaz [*hunc* (*sc. equum*) *quoque, ubi aut morbo gravis aut iam segnior annis defecit, abde domo, nec turpi*] *ignosce* [*senectae, Verg., G. III,96*] Gl 2,637,2. ih giho dir, trohtin, daz ih minemo lichnamin mera intliez, dan ih scolte S 315,19. giu intlazit pleichenti nahemu tage naht chumfti *iam cedet pallens proximo diei nox adventui* H 4,2,1; – *Part. Praes.: nachgebend, -giebig:* deil nemandi (*PaK*) daz ist inlazzandi fon imu (*nur K*) *pars*(*s*)*imonia* Gl 1,148,9 (*zur korrigierenden Glossierung in K vgl. Splett, Stud. S. 220, zum lat. Lemma vgl. Thes. X,490,42 ff.*).

Abl. intlâzanî.

[HAGL]

ir-lâzan *red. v., mhd.* erlâʒen, -lân, *nhd.* erlassen; *as.* alâtan (*s. u.*), *mnd.* erlâten, *mnl.* erlaten; *ae.* álǽtan; *got.* usletan. – *Graff II,304 f.*

Praes.: **ir-lazzen:** *inf.* Np 70,1 (-â-); **ar-laz-:** *3. sg.* **-it** Gl 2,170,19 (*clm 6277, 9. Jh.*); **ir-:** *2. sg.* **-est** NpNpw 21,3.

Part. Praet.: **ar-lazen-:** *dat. sg. f.* **-arv** Gl 1,709,18/19; **er-:** *Grdf.* -] Nc 710,14 [26,19] (-â-).

Verstümmelt: **a-let..:** *part. prt. dat. sg. f.* Gl 4,287 Anm. 1 = Wa 48,14 (*Ess. Ev., 10. Jh.; l.* aleteneru (*?*), *Steinm.*, aletenaru (*?*), *Wadst.*).

1) *etw., jmdn. von etw. befreien:*

a) *mit abstr. Akk./Akk. d. Pers. u. Gen. d. Sache/ abstr. Gen.:* noh tiu (*Glückseligkeit*) neuuard funden . diu alles anablastes fermiten uuare . unde erlazen alles uuages *neque enim ulla* (*fortuna*) *prorsus erat quae ab omni inmunis .i. inofficiosa incursu . cunctoque esset gurgite feriata* Nc 710,14 [26,19]. daz sie des ellendes kehorsam gote uuarin . der sie is irlazzen neuuolta . unz er sie daruz losti Np 70,1;

b) *mit Akk. d. Pers. u. uneingeleitetem negiertem Objektsatz:* got ... du negehorest mih . umbe calicem mortis. Du neirlazest mih . ih netrinche in NpNpw 21,3;

c) *im abs. Dat.:* arlazenarv *ita timore depulso* [*Randgl. zu: tunc Herodes videns quoniam illusus esset a magis,*] *iratus est valde* [*Matth. 2,16*] Gl 1,709,18/19. 4,287 Anm. 1 = Wa 48,14.

2) (*etw.*) *unterlassen:* arlazit [*propter frigus piger non arat, dum parva ex adverso mala metuit, et operari maxima*] *praetermittit* [*Greg., Cura 3,15 p. 56*] Gl 2,170,19.

Vgl. urlâz.

nidar-lâzan *red. v., mhd.* niderlâʒen, *nhd.* niederlassen; *mnd.* nēderlâten, *mnl.* nederlaten. – *Graff II,307.*

Nb, Np -â-.

Praes.: **nidar-laz-:** *3. pl.* **-ant** Gl 2,184,58/59 (*M, 2 Hss.*); *inf.* **-an** O 5,25,5 (*F*); **laz** ... **nidar:** *2. sg. imp.* 2,4,55; **nithar-lazan:** *inf.* 5,25,5 (*PV*); **laz** ... **nithar:** *2. sg. imp.* Gl 1,709,44 (*Brüssel 18723, Gll. 10. Jh.; vgl. Ahd. Wb. 4,962 s. v.* hera + nidar B I 4aβ); **nider-laz-:** *3. pl.* **-ent** 2,184,59 (*M, clm 21525, 9. Jh.*). Nb 313,6 [238,20/21]; *2. sg. imp.* -] Gl 2,645,50; **laz-** ... **nider:** *3. sg.* **-et** Np 118 F,48; *3. pl.* **-ent** NpNpw 103,8; *2. sg. imp.* -] Gl 5,12,11 (*Augsb., Arch. 6, Gll. 10. Jh.; vgl. Ahd. Wb. a. a. O.*); **nidir-lazit:** *3. sg.* 1,322,10 (*S. Paul XXV d/82, 9./10. Jh.*); **lazet** ... **nidir:** *dass.* Npw 118 F,48. – *Kurzform* (*vgl. Braune, Ahd. Gr.*[15] *§ 351 Anm. 2, Paul, Mhd. Gr.*[23] *§ 287*): **la** ... **nider:** *2. sg. imp.* Gl 1,709,43 (*vgl. Ahd. Wb. a. a. O.*).

Praet.: **nider-lizzen:** *3. pl.* Gl 1,642,13 (*M*); **nidar liazi:** *3. sg. conj.* O 2,5,21; **liaz** ... **nidiri:** *3. sg.* 14,83 (*zum Adj. aus Reimzwang vgl. Nemitz § 64*); **nider-liez-:** *3. pl.* **-un** Gl 1,642,11 (*M, 5 Hss.; 1 Hs.* -r- *aus* -l- *rad.* (*vgl. Gl 5,96,16*)); **-in** 2,693,53; **liez** ... **nider:** *3. sg.* Nc 730,24 [47,14]; **nither-liezun:** *3. pl.* Gl 1,725,12 (*Brüssel 18723, Gll. 10. Jh.*); **nidir-lizin:** *dass.* 642,12/13 (*M*).

Part. Praet.: **nider-gi-lazz-an-:** *nom. sg. m.* **-er** Gl 2,652,48; **-ge- -in-:** *dass.* **-er** 1,764,36/37. 5,21,26; **nidir-ki-:** *dass.* **-ge- -en-:** *dass.* **-er** 1,764,37; **nider-gilazener:** *dass.* 36.

1) *trans.: etw.,* (*jmdn.*) (*von irgendwo nach irgendwohin*) *hinunter-, herunterlassen, sinken lassen:*

a) *mit Akk. d. Sache, eigentl.:* nidirlazit [*cumque levaret Moyses manus, vincebat Israel: sin autem paululum*] *remisisset* (*Hs.* remisset) [*, superabat Amalec, Ex. 17,11*] Gl 1,322,10. niderliezun [*nam cum fieret vox super firmamentum, ...* (*animalia*) *stabant, et*] *submittebant* [*alas suas, Ez. 1,25*] 642,11. suochet ieman mercedem terrenę felicitatis umbe opus dei . der lazet die hende nider [*vgl. nam si de opere mandatorum dei merces terrenae felicitatis expetitur, deponuntur manus potius quam levantur, Aug., En.*] NpNpw 118 F,48; – *bildl.:* nu will ih thes giflizan, then segal nitharlazan, thaz in thes stades feste min ruadar nu gireste O 5,25,5;

b) *mit* (*in Glossen nicht übers.*) *Akk. u. Präp. verb.: eigentl.:* nitherliezun [*ascenderunt supra tectum, et per tegulas*] *summiserunt* [*eum* (*sc. paralyticum*) *cum lecto in medium ante Iesum, Luc. 5,19*] Gl 1,725,12. nidergilazenen [*per fenestram in sporta*] *dimissus* [*sum per murum, 2. Cor. 11,33*] 764,36. 5,21,26. niderliezin [*deseruere omnes defessi, et corpora saltu ad terram*] *misere* [*aut ignibus aegra dedere, Verg., A. II,566*] 2,693,53; *Blut hinabfließen lassen:* niderlaz [*quattuor his* (*sc. tauris et iuvencis*) *aras alta ad delubra dearum et sacrum iugulis*] *demitte* [*cruorem, ders., G. IV,542*] 645,50; – *übertr.:* sus uuerdent sie gescalhchet. So sie iro muot niderlazent . aba demo ufuuertigen . an daz nideruuertiga *nam ubi deiecerint oculos . s. mentis . a luce summae veritatis . ad inferiora et tenebrosa* Nb 313,6 [238,20/21];

c) *im Part. Praet., adjekt.: lang herabgewachsen:* nidergilazzaner [*respicimus: dira inluvies*] *inmissa* [*-que barba, ... at cetera Graius, Verg., A. III,593*] Gl 2,652,48.

2) *refl.: sich (von irgendwo nach irgendwohin) herablassen, herabbewegen:*

a) *eigentl., auch in einem Bilde:*

α) *sich niederbeugen, fallen lassen: mit Adv.:* la dich hera nider [(*der Teufel zu Jesus:*) *si filius dei es,*] *mitte te deorsum* [*Matth. 4,6*] Gl 1,709,43. 5,12,11, *z. gl. St.* laz thih nidar herasun O 2,4,55; – *mit Präp.-verb. (zur Angabe des Ausgangs- oder Zielortes):* nidarlazant [*per ambitum quasi per gulae desiderium (animalia) sese ad ima*] *submittunt* [*Greg., Cura 2,10 p. 30*] Gl 2,184,58/59 (*2 Hss.* nidarhaldên). (*der Teufel*) bat thesan ... er sih ouh fon ther hohi thes huses nidar liazi O 2,5,21. inin diu liez sih nider langseimo diu scona Pallas fone iro stete . diu heiteren liehtes ist unde hirelichoren *de quodam purgatioris vibratiorisque luminis loco allapsa sensim Pallas corusca descendit* [*vgl. quia sapientia in excelsis habitat, Rem.*] Nc 730,24 [47,14]. so burrent sih predicatores . unde lazent sih nider populi . unz an die stat dinero ęcclesię . die du in feste tate *ascendunt montes et descendunt campi in locum quem fundasti eis* NpNpw 103,8;

β) (*sich*) *hinlegen, niederlassen: mit (in der Glosse nicht übers.) Präp.verb. (als Ortsangabe):* nidirkilazziner [*non ego vos (sc. capellas) posthac viridi*] *proiectus* [*in antro dumosa pendere procul de rupe videbo, Verg., E. I,75*] Gl 2,681,65;

b) *übertr.: sich erniedrigen:* thie jungoron ... sih wuntorotun ... Thaz sih liaz thiu sin diuri mit otmuati so nidiri O 2,14,83 (*zu* nidiri *s. Formenteil*).

nidar-gi-**lâzan** *red. v., mhd.* nidergelâʒen (*vgl. Lexer, Hwb. 3, Nachträge S. 330*). – *Graff II,307.*

Praes.: **nidar-gi-lazzen:** *inf.* Gl 1,444,10 (*Rf; anders Gl.-Wortsch. 5,485 (s. v.* nidar-lâzan*)*).

das Angesicht sinken lassen, neigen: nidargilazzan summisso (*Hs.* submittere) [-*que Bethsabee in terram vultu, adoravit regem (David), 3. Reg. 1,31*].

Abl. nidargilâzida.

ob-**lâzan** *red. v. (zum Präfix vgl. Braune, Ahd. Gr.¹⁵ § 25 Anm. 1c, Schatz, Ahd. Gr. § 72; Splett, Ahd. Wb. I,1,518* oba-). – *Graff II,306.*

Praes.: **ob-laz:** *2. sg. imp.* S 27,4; *1. pl.* **-em** *ebda. (zur Endg. vgl. Braune, Ahd. Gr.¹⁵ § 307 Anm. 6); beide Patern.*

jmdm. (etw.) vergeben, verzeihen, mit Dat. d. Pers. (u. abstr. Akk.): oblaz uns sculdi unsero, so uuir oblazem uns sculdikem.

untar-**lâzan** *red. v., mhd.* underlâʒen, -lân, *nhd.* unterlassen; *mnd.* underlâten, *mnl.* onderlaten. – *Graff II,306.*

Praes.: **unter-lazet:** *2. pl. imp.* Gl 1,442,6 (*M, 5 Hss., 3* unūlaz&, *1 Hs.* -&, *1* v-).

Praet.: **untar-leaz:** *3. sg.* Gl 1,445,29 (*Rf*).

1) (*etw. zu tun*) *unterlassen, bleibenlassen:* untarleaz [*quod cum audisset Baasa,*] *intermisit* [*aedificare Rama, et reversus est in Thersa, 3. Reg. 15,21*] Gl 1,445,29.

2) (*jmdn.*) *hinzulassen, -schicken:* zuolazet ł unterlazet (*1 Hs., 4 Hss. nur* unterlazet) [*sedere facite Naboth inter primos populi, et*] *submittite* [*duos viros filios Belial contra eum, et falsum testimonium dicant, 3. Reg. 21,10*] Gl 1,442,6.

Abl. untarlâz, untarlâzunga; *vgl.* -lâza¹.

ûz-**lâzan** *red. v., mhd.* ûʒlâʒen, *nhd.* auslassen; *mnd.* ûtlâten, *mnl.* utelaten. – *Graff II,306.*

Praes.: **uz-lazz-:** *2. sg.* **-ist** Np 103,10 (ûz-, -â-); *inf.* **-en** 38,5 (ûz-, -â-); *part. f.?* **-enī** Gl 1,785,40 (*M; vgl. die Parallelhss.*); **-laz-:** *2. sg.* **-est** Npw 103,10; *part. f.* **-antiv** Gl 1,785,38 (*M, 6 Hss., 1 Hs.* vz-, *1* vz-, -iu, *2 Hss.* -iu); **uz ... lazit:** *3. sg.* 556,1 (*M, 5 Hss.*); **laz-** (...) **uz:** *1. sg.* **-o** NpNpw 141,3 (Np ûz); *3. sg.* **-et** Nb 14,26 [12,7] (-â-, ûz); *2. sg. imp.* -] Gl 1,799,8 (*M, 3 Hss.*). – **uz-lezzit:** *3. sg.* Gl 1,556,2 (*M, clm 22201, 12. Jh.*; *zum Umlaut vgl. Paul, Mhd. Gr.²³ § 41 Anm. 3*). – *Kurzform (vgl. Paul a. O. § 287):* **uz-lat:** *3. sg.* Gl 2,522,47 (*Eins. 312, 13. Jh.*).

Praet.: **uz-liezzen:** *3. pl.* Np 105,38; **liezz- uz:** *2. sg.* **-e** Cant. Moysi 7 (ûz); *3. pl.* **-en** 78,3; **liazun uz:** *dass.* O 3,16,28; **uz-liez-:** *2. sg.* **-e** Nb 218,18 [177,4] (ûz-); *3. sg.* -] Gl 1,694,26 (*M, 7 Hss.*); *3. pl.* **-en** Npw 105,38; *3. sg. conj.* **-e** Nb 14,25 [12,7] (ûz-); **liezi uz:** *2. sg.* Npw Cant. Moysi 8; **uz-liz:** *3. sg.* Gl 4,59,10 (*Sal. a1*). – *Kurzform (vgl. Braune, Ahd. Gr.¹⁵ § 351 Anm. 2, Paul a. a. O.):* **lie ... ûz:** *3. sg.* Nb 126,2 [109,1].

1) (*jmdn.*) *aus-, fortschicken:* uzliez eiecit [*Simon exercitum suum, et commisit contra legionem, 1. Macc. 10,82*] Gl 1,694,26 (*1 Hs.* ûzuuerfan). uzlazantiv [*Rahab meretrix, nonne ex operibus iustificata est suscipiens nuncios, et alia via*] *eiiciens* [? *Jac. 2,25*] 785,38; *vielleicht hierher:* uzliz *excussit* 4,59,10.

2) *etw., jmdn. heraus-, loslassen:*

a) *eigentl.:* Uirgilivs uuanda . daz sie (tie uuinda) Eolus uzlieze Nb 14,25 [12,7]; *ferner:* 26 [*ebda.*];

b) *übertr.: etw. hervorkommen lassen, nicht zurückhalten:* tho sprah thara ingegini avur thiu selba menigi, liazun uz in waron thes selben muates wewon O 3,16,28. du liezze uz dina abolgi . diu ferslant sie so samfto . so den halm fiur ferslindet *misisti iram tuam quae devoravit eos sicut stipulam* NpNpw Cant. Moysi 7 (= Npw 8);

c) *übertr.: (jmdn. von etw.) entkommen lassen, befreien:* uz ni lazit (*5 Hss., 1 Hs.* nith uzlezzit) [*benignus est enim spiritus sapientiae, et*] *non liberabit* [*maledicum a labiis suis, Sap. 1,6*] Gl 1,556,1.

3) *etw. (her)ausströmen lassen, vergießen; sich ergießen:*

a) *eigentl.:* du die brunnen uzlazzist in getubelen *qui emittis fontes in convallibus* NpNpw 103,10. sie uzliezzen unsundig pluot . dero selbon chindo diu sie idolis opheroton *effuderunt sanguinem innocentem* 105,38; *ferner:* Np 78,3 (*effundere*);

b) *übertr.:* fore imo (*Gott*) lazo ih (*fehlt* Npw) uz min gebet *effundam* (Npw *effundo*) *in conspectu eius orationem meam* NpNpw 141,3; *refl.:* uzlat [*Superbia ... in vocem dictis se*] *effundit* [*amaris, Prud., Psych. 205*] Gl 2,522,47.

4) *etw. auslassen, übergehen:* laz uz [*atrium autem, quod est foris templum,*] *eiice foras* [, *et ne metiaris illud, Apoc. 11,2*] Gl 1,799,8 (*3 Hss.* ?ûzanlâzan).

5) *etw. beenden:* si lie daz sang uz *iam finiverat illa cantum* Nb 126,2 [109,1]. la mih uuizzen . uuieo ih uzlazzen sule minen lib Np 38,5 (Npw ferenden).

6) *intrans.: (mit etw.) aufhören:* aber dar ze beatitudine anafahendo dar du uzlieze . chade du . daz pilde summi boni uuesen substantiam gotis unde beatitudinis Nb 218,18 [177,4].

Abl. ûzlâz.

? ûzan-lâzan red. v. – Graff II,306 s. v. uzlâzan.

Praes.: **laz uzan:** 2. sg. imp. Gl 1,799,7 (*M, 3 Hss.*).

etw. auslassen, übergehen: laz uzan [*atrium autem, quod est foris templum,*] *eiice foras* [*, et ne metiaris illud, Apoc. 11,2*] (*3 Hss.* ûzlâzan).

ûz-fir-lâzan red. v. – Graff II,312.

Praet.: **vz-uer-liez:** 3. sg. Gl 4,141,42 (*Sal. c*).

Part. Praet.: **uz-u-lazzaniu:** nom. sg. f. Gl 2,390,17 (*zur Synkope vor* l *vgl. Braune, Ahd. Gr.*[15] *§ 76 Anm. 3*); **-far-laz-ana:** nom. pl. m. 1,667,75 (*M*); **-iniu:** nom. sg. f. 2,545,3; **-fir- -an-:** nom. pl. m. **-a** 1,667,74 (*M, 3 Hss.*); **-in:** Grdf. **-**] 668,1 (*M, 3 Hss.*); **-fer- -an:** 2,704,36; **-en:** 690,34 (vz-); **-u- -anu:** nom. sg. f. 397,34 (vz-, *zur Synkope vor* l *vgl. Braune a. a. O., zweites* -a- *aus* -u- *korr., danach* ł *u. ausgewischtes* uzulata (*?*), *vgl. Steinm.*).

(*etw.*) *heraus(schießen) lassen, loslassen: eigentl.:* uzulazzaniu [*sagitta, quam iacit umbrosi dominatio lubrica mundi, eludens*] *excussa* (*Glosse: sagittata*) [*oculos ... cordis penetralia figens, Prud., Ham. 541*] Gl 2,390,17. 397,34. 545,3; *vielleicht hierher:* vzuerliez *excussit* 4,141,42; *– übertr.:* uzfirlazana [*Ephraim in populis ipse commiscebatur: ... Comederunt alieni robur eius ... et cani*] *effusi* [*sunt in eo, Os. 7,9*] Gl 1,667,74. vzferlazen [*interea magno misceri murmure pontum*] *emissam* [*-que hiemem sensit Neptunus, Verg., A. I,125*] 2,690,34. 704,36.

zi-lâzan red. v.; *as.* telâtan. – Graff II,313.

Praes.: **za-lazz-:** 3. sg. **-it** Gl 1,102,14 (*Pa*); inf. **-an** 110,23 (*Pa*); **zi-:** 3. pl. **-ent** 601,42 (*M*); inf. **-an** 110,23 (*K*); **-laz-:** 3. sg. **-it** 98,32 (*KRa*). Npw 147,18 (ci-); 2. pl. imp. **-et** T 19,6; inf. **-an** Gl 1,110,23 (*Ra*); **ze-:** 3. sg. **-et** Np 147,18 (-â-).

Praet.: **ze-liez:** 3. sg. NpNpw 125,4 (Npw ce-).

Part. Praet.: **ze-lâzen:** NpNpw 147,18 (Npw ce-, -a-); nom. sg. n. **-]ez** Np 57,9.

1) *etw. loslassen, lösen:* zilazzent [*quasi vastitas a domino veniet. Propter hoc, omnes manus*] *dissolventur* [*, et omne cor hominis contabescet, Is. 13,7*] Gl 1,601,42 (*1 Hs., 9 Hss.* slaffên). tho quad her (*Jesus*) zi Simone: scalt thaz skef in tiufi, inti zilazet iuuuaru nezziu zi fahenne *laxate retia vestra in capturam* T 19,6.

2) *etw. zum Schmelzen bringen, zerschmelzen: in einem Bilde:* die sih aber fone dien drouuon nebezzeront . unde sie hier sint . also zelazenez uuahs fone igne concupiscentię . die uuerdent danagenomen fone sinero gesihte *sicut cera liquefacta . auferentur* Np 57,9; *bildl.:* pater sendet uz uerbum suum . unde zelazet sie *mittet verbum suum . et liquefaciet ea* NpNpw 147,18; *– ferner:* NpNpw 125,4. 147,18.

3) (*etw., jmdn.*) *verlassen, aufgeben:* zilazit *deserit* (*Hss.* disserit) Gl 1,98,32 (*zum Lat. vgl. Splett, Stud. S. 164*). zalazzit *deserit* (*Hs.* disserit) 102,14 (*zum Lat. vgl. a. a. O.*).

4) *beenden, aufhören:* zalazzan *desinere* Gl 1,110,23.

Abl. zilâzanî.

zir-lâzan red. v., *mhd.* zerlâȝen, -lân, *nhd.* zerlassen. – Graff II,313 s. v. zalazzan.

Praes.: **zar-lazzanti:** part. Gl 1,283,63 (*Jb-Rd*).

(*etw.*) *flüssig machen:* zarlazzanti [(*Thamar*) *tollens farinam commiscuit: et*] *liquefaciens* [*, ... coxit sorbitiunculas, 2. Reg. 13,8*].

Vgl. unzirlâzan.

zuo-lâzan red. v., *mhd.* zuolâȝen, *nhd.* zulassen; *mnd.* tolâten, *mnl.* toelaten; *ae.* tólǽtan. – Graff II,313.

Praes.: **zò-lazzin:** inf. Gl 1,307,6/7 (*M*); **zu-:** dass. 701,58 (*M*); **zuo-laz-:** 1. sg. **-e** 4,232,18 (zv̌-); 2. pl. imp. **-&** 1,442,6 (*M*); inf. **-an** 307,6 (*M*).

Part. Praet.: **zuo-ge-lazan:** Gl 2,713,51; **zu-gi-:** nom. pl. m. **-]a** 752,44.

1) (*jmdn.*) *hinzulassen, -schicken:* zuolazet ł unterlazet (*1 Hs., 4 Hss.* nur unterlazet) [*sedere facite Naboth inter primos populi, et*] *submittite* [*duos viros filios Belial contra eum, et falsum testimonium dicant, 3. Reg. 21,10*] Gl 1,442,6. zuogelazan uuerdan [*tum Nisus et una Euryalus confestim alacres*] *admittier* [*orant, Verg., A. IX,231*] 2,713,51. zugilazana [*cum ... (fratres) in testimonium tantae virtutis*] *admissi* [*fidem sancti* (sc. anachoretae), *gloriam Christi ... vidissent, Sulp. Sev., Dial. 1,15 p. 168,15*] 752,44; *spez.: substant.: das Zulassen männlicher Tiere zur Begattung:* zuolazan. gimiskida (*1 Hs. nur* zòlazzin) [*serotina*] *admissura* [(*arietum*) *... et conceptus extremus* (*ovium*), *Gen. 30,42*] 1,307,6.

2) (*etw.*) *zulassen:* zulazzin [(*Eleazarus*) *destinavit*] *non admittere* [*illicita propter vitae amorem, 2. Macc. 6,20*] Gl 1,701,58 (*5 Hss.* (ni) gifrummen).

3) *Glossenwort:* ih zv̌laze *admitto* Gl 4,232,18.

Abl. zuolâz.

zuo-gi-lâzan red. v. – Graff II,313.

Praes.: **zuo-gi-lazes:** 2. sg. conj. Gl 1,545,42 (*M, 2 Hss.*).

(*etw. an etw.*) *heranlassen:* zuogilazes [*sed et cunctis sermonibus, qui dicuntur, ne*] *accommodes* [*cor tuum: ne forte audias servum tuum maledicentem tibi, Eccles. 7,22*].

? lâzanî st. f.

laazni: nom. sg. Mayer, Griffelgl. S. 82,358 (*Vat. Ottob. lat. 3295, 9. Jh.; nach Mayer a. a. O. S. 118 Buchstabenumstellung für* lazani).

Freilassung (?): laazni [*placuit ut omnes servi vel proprii*] *liberti* [*, ad accusationem* (als Zeugen) *non admittantur, Hrab., Poenit., PL 112,1400B*] (*zur ungenauen Lemmaübers. vgl. Mayer a. a. O. S. 149; anders Gl.-Wortsch. 5,479. 487* (*s. vv.* lâzan *u.* lâzanî)).

fir-lâzanî st. f. – Graff II,312.

far-lazzani: dat. sg. S 250,22 (*B*); **fer-lazeni:** acc. sg. Nb 358,5 [268,20] (-â-); **v-lazanin:** dat. pl. Mayer, Glossen S. 102,24 (*zur Synkope vor* l *vgl. Braune, Ahd. Gr.*[15] *§ 76 Anm. 3*).

Erlaubnis, Freiheit: vlazanin [*nisi mentis eorum directio atque censura quibusdam mollita fuerit vicissitudinum*] *laxamentis* [*Cassian, Coll., PL 49,1312A*] Mayer, Glossen S. 102,24 (*vgl. Ahd. Gl.-Wb. S. 573. 693 s. vv.* spelza, uualza). aber durh sih kechorniu . neuerliesent siu (*futura*) nieht . tia selbuualtigun ferlazeni iro naturę *non desinunt ab absoluta libertate suae naturae* Nb 358,5 [268,20]; *in bruchstückhafter Übers.:* .. vrlaubii .. dera sinera farlazzani *nisi forte abbas licentiam dederit permissione sua* S 250,22.

Komp. selbfirlâzanî.

gi-lâzanî st. f.

gi-lazzini: *acc. sg.* Gl 4,325,9 (*mittleres* -i- *undeutlich*); *hierher wohl auch:* **gi-lahsini:** *nom. sg.* 2,473,63 (*zu* s *für* z *vgl.* Braune, Ahd. Gr.¹⁵ § 160 Anm. 2, -h- *verschr.?*).

kilassini Gl 2,626,63 s. Ahd. Wb. 5,156 (*anders* Gl.-Wortsch. 5,487 (s. v. gi-lâzanî)).

1) Gelindheit (*des Wetters*): gilahsini [*nec tamen idcirco minor est aut fructus agelli aut tempestatis*] clementia [*laeta serenae, temperet aut pluviis qui culta novalia ventus*, Prud., Symm. II,1013] Gl 2,473,63.

2) das Aufhören: gilazzini [*episcopus vero ..., si contra eos decretam*] cessationem [*pro nihilo reputans, tanquam clericos forte susceperit: ... communione privetur*, Can. apost. XVI p. 113] Gl 4,325,9 (*zum Lemma vgl.* Mlat. Wb. II,502 ff.).

int-**lâzanî** *st. f.* – *Graff II,306.*

in-lazzini: *nom. sg.* Gl 2,206,17 (S. Paul XXV d/82, 9./10. Jh.). 211,69; **ant-lazini:** *dass.* 171,13 (clm 6277, 9. Jh.); **an-:** *dass.* 176,48 (clm 6277, 9. Jh.); **int-lazani:** *dass.* 190,78 (M, 2 Hss.); **-lazini:** *dass.* 78/79 (M, 2 Hss.).

Zügellosigkeit: antlazini [*istos* (sc. elatos) *ad increpanda ... sub imagine libertatis*] effrenatio [*impellit tumoris*, Greg., Cura 3,17 p. 59] Gl 2,171,13. 190,78. 206,17. 211,69. anlazini [*sic timidis infundatur auctoritas, ut tamen superbis non crescat*] effrenatio [*ebda.* 3,36 p. 97] 176,48.

zi-**lâzanî** *st. f.* – *Graff II,313.*

za-lazzan-: *nom. sg.* **-e** Gl 1,102,21 (Pa; *zu* -e *statt* -i *vgl.* Splett, Stud. S. 168); **zi-:** *dass.* **-i** ebda. (K); **-lazani:** *dass.* ebda. (Ra).

Auflösung, Trennung (*der Ehe*): cascait zalazzane teilida zasamanecamahotero devortivum (i. e. divortium) repudium divisio coniugiorum.

fir-**lâzannissî** *st. f.*; *mnd.* vorlâtnisse, *mnl.* verlatenisse; *ae.* forlǽtennys. – *Graff II,315 s. v.* forlâznessi.

far-lazanissi: *dat. sg.* (*oder nom.?*) Gl 1,283,38 (Jb).

Freilassung: farlazanissi [*quem*] libertate donaveris [, *nequaquam vacuum abire patieris*, Deut. 15,13] (Rd frian farlazzis).

fir-**lâzano** *adv.*; *vgl. mhd.* ferlâʒen, *nhd.* verlassen (*in anderer Bed.*), *mnd.* vorlâten, *mnl.* verlaten, *alle adj.* – *Graff II,312 s. v.* farlâzan.

fur-lazan-: *comp.* **-or** T 65,5; **-era** 3.

übertr.: locker: Tyro inti Sidoni furlazanera uuirdit in tuomes tage thanne iu (*d. h.* Corozain u. Bethsaida) si *Tyro et Sidoni remissius erit in die iudicii quam vobis* T 65,3, *ähnl.* 5 (remisse).

bi-**lâzanto** *adv.* – *Graff II,307 s. v.* pilâzan.

pe-lazzendo: Npgl 111,5.

erlassend, vergebend: bediu neist der inglorius (unlobesam) . der ignoscendo (pelazzendo) bezzero triumphator (sigenunftare) uuirt.

fir-**lâzanto** *adv.* – *Graff II,311 s. v.* farlâzan.

fer-lâzendo: Nb 55,10 [45,21].

verlassend, im Stich lassend: sol dir diu (salda) lieb sin sament tir . diu âne triuua mit tir ist . unde diu dih eteuuenne ferlazendo seregot? *est tibi cara praesens fortuna . nec manendi fida . et allatura maerorem cum discesserit?*

fir-**lâzâri** *st. m., nhd.* (*älter*) verlasser; *mnd.* vorlâter (*in anderer Bed.*), *mnl.* verlater. – *Graff II,312.*

f-lazzara: *acc. pl.* Gl 1,692,62 (M); **-lazar-:** *nom. sg.* **-i** 2,134,50 (M, 5 Hss., *darunter mus.* Salzb., 9. Jh.); *acc. pl.* **-a** 1,692,61 (M, 6 Hss.); *zur Synkope vor* l *vgl.* Braune, Ahd. Gr.¹⁵ § 76 Anm. 3.

Verkürzt geschrieben (?): **f-laz:** *nom. sg.?* Gl 2,134,51 (M, clm 6242, 9. Jh.).

Verschrieben: **f-razara:** *acc. pl.* Gl 1,692,62 (M).

Abtrünniger: flazara (*1 Hs.* herifluhtiga ł flazara) [(*Iudas*) *fecit vindictam in viros*] desertores [1. Macc. 7,24] Gl 1,692,61 (3 Hss. *nur* herifluhtîg). flazari [*quisquis propriae*] desertor [*ecclesiae ..., reverendorum canonum ..., constituta non effugiet*, Decr. Gel. XXIII p. 244] 2,134,50.

lazc Gl 2,498,57 s. laz *st. m.* (n.?).

laze Gl 3,46 Anm. 8 s. lahs.

-lâzi *vgl.* ablâzi.

-lâzida *vgl.* antlâzida.

-lâzîg *vgl.* ant-, urlâzîg.

-lâzîgo *vgl.* antlâzîgo.

-lâzlîh *vgl.* antlâzlîh.

-lâzlîhho *vgl. auch* gi-lidulâzlîhho.

fir-**lâznessi, -nissi** *st. n.*

for-laznessi: *acc. sg.* S 23,12 (*frk. Taufgel., Hs.* A). T 4,17. 13,2. 18,2 (2; *1mal* -i *korr. aus* -e). 160,2. 232,2. – **far-laznissi:** *acc. sg.* S 23,12 (*frk. Taufgel., Hs.* B).

Vergebung: gilaubistu thuruh taufunga sunteono forlaznessi? S 23,12. thiz ist min bluot niuues giuuiznesses, thes, thaz dar furi iuuuih inti manage uuirdit ergozzan in forlaznessi suntono *in remissionem peccatorum* T 160,2; *ferner:* 4,17. 13,2. 18,2 (2). 232,2 (*alle* remissio).

lazo Gl 2,498,57 = Wa 85,27 s. laz *st. m.* (n.?).

-lâzôn *vgl.* (gi-)antlâzôn.

-lâzônto *vgl.* antlâzônto.

fir-**lâzunga** *st. f., mhd.* ferlâʒunge, *nhd.* verlassung; *mnd.* vorlâtinge, *mnl.* verlatinge.

fer-lazunga: *acc. sg.* Gl 2,43,70 (Trier 1464, 11. Jh.; *lat. pl.*).

das Nichtstun: ferlazunga [(*der Hund zum Löwen:*) *proximus humanis duco in pastu*] otia [*mensis, conmunem capiens largius ore cibum*, Avian 37,5].

-lâzunga *vgl. auch* untarlâzunga.

lâzûrstein *mhd. st. m., nhd.* lasurstein; *mnd.* lasûrstê(i)n, *mnl.* lasursteen s. v. lasuur; *zum Erstglied vgl. mlat.* lazurium.

lazzur-stein: *nom. sg.* Gl 3,559,58/59 (Innsbr. 355, 14. Jh.); **lazur-steyn:** *dass.* 58 (clm 615, 14. Jh.).

Lasurstein, Lapislazuli: *lapis lazuli* (*vgl.* Lüschen, Steine S. 262 f.).

(-)**lazz-** s. auch (-)lâz-.

lazzên *sw. v.* (*zum Ansatz vgl.* Schatz, Germ. S. 361), *mhd.* laʒʒen. – *Graff II,298.*

lazzeta: 3. sg. prt. T 2,10.

sich verspäten, sich länger (als erwartet) aufhalten: uuas thaz folc beitonti Zachariam, inti vvuntorotun thaz her lazzeta in templo *erat plebs expectans Zachariam, et mirabantur quod tardaret ipse in templo*.

Vgl. lazzôn.

lazzî *st. f., mhd.* laʒʒe, *nhd. (älter)* lasse, lässe; *an.* leti; *got.* latei. *– Graff II,298.*

lazzi: *gen. sg.* Gl 1,335,20 (*Rb*); **laz-:** *dat. sg.* **-i** Nb 230,7 [185,11]; *acc. sg.* **-i** Nc 708,14 [24,10] (-â-).

Langsamkeit, Trägheit: dera merriseli inti dera lazzi dera zungun pī [*ex quo locutus es ad servum tuum,*] *impeditioris et tardioris linguae sum* [*Ex. 4,10*] Gl 1,335,20 (*zur Wiedergabe der komparierten Adj. durch genitivische Substant. vgl. Meineke, Bernstein S. 156*). alde iz (*d. i.* muot) sih keebenoe stellę Saturni ... fore lazi dero triginta annorvm an dien si den himel umbegat Nb 230,7 [185,11]. also sie ouh uuandon ... heili fone Ioue . lazi fone Saturno [*vgl. a Saturno tarditatem et frigiditatem, Rem.*] Nc 708,14 [24,10].

lazzit Gl 1,88,30 (*K*) *s.* int-lâzan.

lazzit Glaser, Griffelgl. S. 283,261 *s.* lezzen.

lazzo *adv., mhd.* laʒ, *nhd.* laß; *mnd.* lāte, *mnl.* late; *ae.* late. *– Graff II,298.*

lazz-: -o Gl 1,247,12 (*KRa*); *comp.* **-or** 2,641,20; **laz-: -o** 1,751,55 (*M, 4 Hss.*); *comp.* **-or** 2,722,11.

langsam, träge: thraco lazzo *senius tardius* Gl 1,247,12 (*zur Glossierung vgl. Splett, Stud. S. 363*). lazo [*cum multis diebus*] *tarde* [*navigaremus, ... adnavigavimus Cretae iuxta Salmonem, Acta 27,7*] 751,55. lazzor [*quam procul aut molli succedere saepius umbrae videris aut summas carpentem*] *ignavius* (*vgl. negligentius, sine aviditate, Serv.*) [*herbas, Verg., G. III,465*] 2,641,20. 722,11.

Vgl. lazzôst, lezzist.

lazzôn *sw. v.* (*zum Ansatz vgl. Schatz, Germ. S. 361*), *mhd.* laʒʒen; *ae.* latian; *an.* lata. *– Graff II,298.*

laz-: *3. sg.* **-ot** Gl 1,793,12 (*M, 4 Hss.*); *3. sg. prt.* **-ota** Nc 706,29. 746,5 [22,14. 61,13].

1) *langsam, träge sein* (*in einer Bewegung*): tiu erista aha ... diu uuas in iro runso plauuiu . unde nebulgiu . unde lazota chaltiu in iro tragun ferte *liventis aquae volumine nebuloso . atque algidis admodum pigrisque cursibus haesitabat* Nc 706,29 [22,14]. Saturnus iro fater lazota an sinemo gange . ioh unspuotig uuas er is *verum sator eorum gressibus tardus . ac remorator incedit* 746,5 [61,13].

2) (*etw.*) *verzögern:* ni lazot (*3 Hss. ohne* ni, *davon 1 Hs. noch* l gituualit) *non tardat* [*dominus promissionem suam, sicut quidam existimant, 2. Petr. 3,9*] Gl 1,793,12 (*vgl.* Gl 5,98,26; *1 Hs. nur* gituuellen).

Vgl. lazzên.

lazzôst *adv. superl.* (*zum Nebeneinander von* -ôst *u.* -ist (*vgl.* lezzist), *vgl. Braune, Ahd. Gr.[15] § 268*); *mnd.* lāt(e)st; *ae.* lást (*vgl. Bosw.-T., Suppl. S. 607*). *– Graff II,297f. s. v.* laz.

lazz-: -ost Gl 2,94,24 (-o- *aus* a *korr.*). 760,18 (*clm 14747, 9. Jh.*); **-ust** 423,57 (*clm 14395, Gll. 11. Jh.*); **lazost:** 84,58 (*Stuttg. H. B. VI 109, 9. Jh.*). 293,7 (*M, 2 Hss.*). 4,320,32 (-z- *auf Rasur*). – **lazzos:** Beitr. (Halle) 97,290 (*Ottobeuren Ms. O. 66, 9 Jh.; verschr.?*).

Verschrieben: **lazzot:** Gl 2,94,24 (*Sg 299, 9. Jh.*).

Nur in Verbindung mit Präpositionen in adverbialen Ausdrücken belegt:

a) az lazzôst *schließlich* (*in einem zeitlichen Ablauf*): az lazost [*hi definitum tempus auditionis implentes, tum*] *demum* [*fidelibus in oratione communicent, postmodum vero licebit episcopo de his aliquid humanius cogitare, Conc. Nic. XII p. 118*] Gl 2,84,58. 94,24. 4,320,32. Beitr. (Halle) 97,290;

b) zi lazzôst: *zuletzt, schließlich* (*am Ende von aufeinanderfolgenden Ereignissen*): za lazzust [*ad brevem se mortis usum dux salutis dedidit, mortuos olim sepultos ut redire insuesceret ... Tunc patres sanctique multi conditorem praevium iam revertentem secuti tertio*] *demum* [*die carnis indumenta sumunt, aeque bustis prodeunt, Prud., H. o. horae (IX) 98*] Gl 2,423,57. za lazzost [*quem* (den Stier) *dominus collecta multitudine servorum per devia quaeque requirens, invenit*] *tandem* [*in vertice eiusdem montis pro foribus cuiusdam assistere speluncae, Mem. Mich., PL 95,1522*] 760,18; – *zuletzt, als letzter:* zi lazost (*1 Hs.* zi lazost ł spato) [*in qua* (*hora*) *praedicatores sancti apostoli missi sunt, qui mercedem plenam et*] *tarde* [*venientes acceperunt, Greg., Hom. I,19 p. 1510*] Gl 2,293,7.

Vgl. lazzo, lezzist.

lbaom Gl 3,195,32 *s.* meloboum.

lco Gl 2,322,16 (*vgl.* Gl 5,103,33) *s.* leo *interj.*

le Gl 1,733,6 *s.* engil.

le Gl 2,412,20. 684,50 *s.* [h]lêo.

le Gl 2,705,37 *s.* lehhazzen.

lê *s.* leo *interj.*

le.. S 71,82 *s.* [h]lêo.

leader Gl 2,597,49 *s.* leid *adj.*

le°ist Gl 3,640,38 *s.* leist.

lean Mayer, Griffelgl. S. 71,293 *s.* lêhan.

leara Np 36,19 *s.* lâri.

le b. Gl 3,196,33 *s.* erlizboum.

lebara *st. sw. f., mhd.* leber(e), *nhd.* leber; *mnd.* lēver, *mnl.* lever(e); *afries.* livere; *ae.* lifer; *an.* lifr. *– Graff II,80 s. v.* libara.

Stark: **lep-ar-:** *gen. sg.* **-a** Gl 4,254,23 (*clm 14434, 9. Jh.*); *dat. sg.* **-o** Mayer, Glossen S. 80,22 (*vgl. Siewert, Gl. S. 86; clm 6305, 8./9. Jh.;* -o *unsicher, vgl. Glaser, Griffelgl. S. 506,26*); *acc. sg.* **-a** Gl 2,591,1. – **leb-ara:** *acc. sg.* Gl 1,544,21 (*Würzb. Mp. th. f. 3, 9. Jh.*); **-er-:** *dass.* **-a** 4,276,17. Nb 224,14. 16 [181,2. 3]; *nom. pl.* **-a** Gl 3,242,9 (*SH a2; s. u.*). 437,37 (*Berl. Lat. 4° 676, 9. Jh.*); *dat. pl.* **-on** Nb 326,4 [247,16]. – **leuera:** *acc. sg.* Gl 2,558,21.

Schwach: **leber-:** *gen. sg.* **-un** Gl 1,339,24 (-ū). 4,254,40; **-on** 1,339,23 = Wa 74,16.

Nicht eindeutig (*alle Belege im Nom. Sing.*): **lep-ara:** Gl 3,10,5 (*C*). 438,2. 613,24. 4,116,12 (*Sal. a2*); **-era:** 2,370,28. – **leb-ara:** Gl 3,4,16 (*Voc.*). 19,38 (*Sg 242, 10. Jh.*). 435,17 (*Sg 184, 9. Jh.*). 4,116,12 (*Sal. a2*); **-er-: -a** 1,281,56 (*Jb-Rd*). 3,74,52/53 (*SH A, 2 Hss.*). 178,66 (*SH B*). 242,9 (*SH a2, 2 Hss.; s. u.*). 276,69 (*SH b, 2 Hss.*). 301,64 (*SH d*). 318,59 (*SH e*). 336,52 (*SH g, 3 Hss.*). 392,33 (*Hildeg.*). 433,32 (*3 Hss., darunter clm 14754, 9. Jh.*). 434,56. 436,38. 474,21. 498,32. 4,55,29 (*Sal. a1, 4 Hss.*). 116,13 (*Sal. a2;* -ba). 170,10 (*Sal. d*). 67 (*Sal. d*); **-e** 3,74,53 (*SH A*). 242,10 (*SH a2*). 439,31. 501,24. 4,55,30 (*Sal. a1, 2 Hss., 1 Hs.* -ę). 116,13 (*Sal. a2*); **-]** 3,74,54 (*SH A, 15. Jh.*). 242,10 (*SH a2, 13. Jh.*). 354,10 (*13. Jh.*). 4,55,31 (*Sal. a1, 3 Hss., 12., 13., 15. Jh.*). 116,13 (*Sal. a2, 13. Jh.*). 145,66 (*Sal. c, 13. Jh.; mit Rasur der Endg.*). Hbr. I,135,257 (*SH A, 13. Jh.*). Meineke, Ahd. S. 30,171 (*Sal. a1, 13. Jh.*); **-ra:** Gl 3,74,52 (*SH A, 2 Hss.*). – **leuer-: -a** Gl 3,74,53 (*SH A*). 363,27 (*Jd*); **-e** 52,30.

Leber:

a) *vom Menschen:*

α) *allgem.:* lebara *iegor* Gl 3,4,16. 19,38 (*im Abschn. De membris humanis*). 178,66 (*im Abschn. De homine et eius membris*). 354,10. 363,27 (*darauf ficatum idem*). 433,32. 435,17. 436,38. 437,37 (*iecora*). 438,2. *figido* 10,5 (*zum lat. Lemma vgl. FEW 3,492 s. v. ficatum*). *epar* 52,30. *ieuriz iecur* 392,33. *iecur ł epar* 434,56. 439,31. *sanges sater . neaz ter gir inin diu Tytio dia lebera vultur dum satur est modis . non traxit iecur Tytii* Nb 224,14 [181,2]; *hierher wohl auch:* lebera *iecur* Gl 3,242,9 (*1 Hs. iecora*). 276,69. 301,64. 318,59. 336,52; *ferner:* Nb 224,16 [181,3];

β) *spez. als Sitz der Lebenskraft u. der Begierden* (*vgl. LMA 5,1782*): lebara [*donec transfigat sagitta*] *iecur* [*eius* (sc. *des von den Lockungen der Ehebrecherin verführten Jünglings*), *Prov. 7,23*] Gl 1,544,21. 4,276,17. leuera [*gustus et ipse modum teneat, sospitet ut*] *iecur* [*incolume, Prud., H. a. cib. (III) 180*] 2,558,21. lepara [*foetidum*] *iecur* [*reductus rursus intrat halitus, ders., H. o. horae (IX) 48*] 591,1. lebra *iecur quod ignis ibi sedem habeat et voluptatem* [*Hbr. I,135,257*] 3,74,52 (*im Abschn. De interioribus hominis*). Hbr. I,135,257. leparo [*et putat ille philosophus rationabile nostrum in cerebro, iram in felle, desiderium in*] *iecore* [*commorari, Hier. in Matth. 13,33, PL 26,94C*] Mayer, Glossen S. 80,22 (*vgl. Siewert, Gl. S. 86*);

b) *vom Tier:* lebera [*sumes et adipem totum qui operit intestina, et reticulum*] *iecoris* (*Hs. iecor*) [, *ac duos renes, et adipem qui super eos est, et offeres incensum super altare, Ex. 29,13*] Gl 1,281,56, *z. gl. St.* iecoris figidis. ficta. id lepara 4,254,23. netti leberon *reticulum iecoris* [*ebda.*] 1,339,23 = Wa 74,16. 4,254,40. aruspitia uuurten genomen fone dien leberon dero opferfriskingo Nb 326,4 [247,16];

c) *Glossenwort:* lepera *iecur* [*Prisc., Inst. II,155,11*] Gl 2,370,28. lebera *iecur* 3,474,21. 501,24 (*in einem Heilmittelglossar*). 613,24. 4,116,12. 145,66. 170,67. *epar* 3,498,32 (*in einem Heilmittelglossar*). 4,55,29. 170,10. Meineke, Ahd. S. 30,171.

Komp. wolvesleber *mhd.; Abl.* leberlich *mhd.*

lebar(a)uuurst *st. f., mhd. nhd.* leberwurst; *mnd.* lēverworst. *– Graff I,1048.*

lepara-uurst: *nom. sg.* Gl 3,613,27. *–* **lebar-uurst:** *nom. sg.* Gl 3,613,16; **leb*ᵉ*-wurst:** *dass.* 617,26. 4,216,10; **-uvrst:** *dass.* ebda.; *nom. pl.* -]e 3,691,39 (-wr-; *lat. sg., vom Übers. aber wohl als Plur. aufgefaßt*).

Leberwurst: lebaruurst *Lucanica* Gl 3,613,16 (*1 Hs. nur* uuurst). 4,216,10. *Lucanica panica* 3,613,27 (*zum lat. Lemma vgl. epantica, epatica, Diefb., Gl. 203ᵇ*). 617,26. *epatica* 691,39.

lebarlâgo *sw. m.* (*zur adjekt. Grundlage des Zweitgliedes vgl. Heidermanns, Primäradj. S. 369*). *– Graff II,80.*

lebar-lago: *nom. sg.* Gl 1,294,47 (*Jb-Rd*).

von derselben Mutter stammender Bruder: lebarlago [(*Ioseph*) *vidit Beniamin fratrem suum*] *uterinum* (*Hs. uterinus*) [*Gen. 43,29*].

lebarsioh *adj., frühnhd.* lebersiech; *ae.* liferséoc (*vgl. Bosw.-T., Suppl. S. 617*).

leber-siechen: *dat. pl.* Gl 5,44,35 (*Herten 192, 12. Jh.*).

leberkrank, substant.: lebersiechen [*elenion . urinam et menstrua provocat ... similiter facit nefreticis*] *epaticis* [*spleneticis, Rezept. S. 286*].

lebarstein *st. m., mhd. nhd.* leberstein. *– Graff VI,688.*

leber-stein: *nom. sg.* Gl 3,489,25. 502,33. 530,12.

Leberkies (? *Vgl. Lüschen, Steine S. 270 f. s. v. markasit*): leberstein *leoperina* Gl 3,489,25 (*Gl. zum falschen lat. Lemma geraten, vgl. Steinm.*). *lapis saxatilis* 502,33 (*zum lat. Lemma vgl. Anm. 16; in einem Heilmittelglossar*). *lapis azatilis* 530,12 (*zum lat. Lemma vgl. ebda.*).

lêbartîn *adj., frühnhd.* lebartin. *– Graff II,81.*

Verschrieben (?): **lehpardin:** *Grdf.* Gl 3,626,34 (*Wien 804, 12. Jh.*).

vom Leoparden stammend, Leoparden-: leopardinum (*im Abschn. De vestibus, vgl.* Gl 4,637,34).

lêbarto *sw. m., mhd.* lêbart(e) *st.* (*sw.*) *m., frühnhd.* lebart, *frühnhd. nhd.* leopard (*zur Relatinisierung vgl. Kluge, Et. Wb.²⁴ S. 570*); *mnd.* lêbār(e), -bärt, -bōrt, leopard, *mnl.* liebaert, libart, libard, lubaert; *ae.* léopard; *an.* lé(o)parðr, [h]lébarðr; *aus lat.* leopardus. *– Graff II,80 f.*

Bis auf einen Beleg des 9. Jh. (Gl 2,764,18) *alle Belege im Nom. Sing. und erst ab 12. Jh. überliefert. Zu den Umbildungen vgl. Palander, Tiern. S. 50 f.*

leo-part-: *nom. pl.* **-un** Gl 2,764,18 (*clm 14747, 9. Jh.*); **-par:** 3,32,24; **-bart:** 283,47 (*SH b*). 305,35 (*SH d*). *–* **levpart:** Gl 3,355,52.

lepart: Gl 3,32,21; **leppard:** 4,355,16; **lebpard:** 3,32,21. *–* **le-bart-:** **-o** Gl 3,283,46/47 (*SH b*); **-e** 321,55/56 (*SH e*); **-]** 32,19 (*6 Hss.*). 33,16. 80,1/2 (*SH A*). 250,28/29 (*SH a2*). 341,6 (*SH g*). Thies, Kölner Hs. S. 177,22 (*SH*); **-bard-:** **-o** Gl 3,447,17; **-e** 79,66 (*SH A, 2 Hss.*). 444,35; **-]** 80,1 (*SH A, 2 Hss.*). 444,35; **-barth-:** **-o** 80,2 (*SH A*). 250,28 (*SH a2*); **-]** 32,19. *–* **lewart:** Hbr. I,147,450 (*SH A*).

lipardo: Gl 3,80,2 (*SH A*). *–* **libart:** Gl 3,32,21. 55,63.

liebart: Gl 3,32,22 (*3 Hss., davon 1 Hs.* -ḯ-). 250,29 (*SH a2*). 341,5/6 (*SH g, 2 Hss.*). 366,61 (*Jd*). *–* **liebard-:** **-e** Gl 3,673,67; **-]** 32,22; **liebar:** 23.

leibart: Gl 3,283,47 (*SH b*).

libhart: Gl 3,326,69 (*SH f*). *–* **liephart:** Gl 3,32,23. *–* **liebhart:** Gl 3,250,30 (*SH a2*). *–* **leibhart:** Gl 3,32,24.

Verschrieben: **leparcho:** Gl 3,201,26 (*SH B*); *hierher auch* (?): **lechpart:** 80,3 (*SH B, vgl. Hbr. II,559,4*).

Leopard: leopartun *crimmistun* [*evenit: ut duae*] *tygres ferocissimae* (*Hs. tigridi ferocissimi*) [*in singulis caveis clausae fugerent, Pass. Sim. et Judae p. 538,22*] Gl 2,764,18. lebarth *leopardis* 3,32,19. 55,63. 355,52. 366,61. 444,35. 447,17. 4,355,16. *pardus* 3,33,16 (*andere Hss.* pard(o), pantir, pardertier). 326,69. Thies, Kölner Hs. S. 177,22. *leopardus ex adulterio laenae et pardi nascitur* [*Hbr. I,147,449*] Gl 3,79,66. Hbr. I,147,450. Gl 3,80,3. 201,26. *pardus bestia varia et velocissima* [*Hbr. II,407,220*] 250,28. 305,35. 321,55/56. 341,5/6. *pardus bestia varia et multicolor* 283,46/47. leopardus liebarde *est animal uelox* 673,67.

Abl. lêbartîn.

lebato *sw. m.* (*zur Bildung vgl. Kluge, Stammb.³ § 118*). *– Graff II,78 s. v.* lepato.

lepato: *nom. sg.* Gl 2,125,58 (*M, 2 Hss.*); **lepetun:** *acc. sg.* 59 (*M*). *–* **lebeto:** *nom. sg.* Gl 2,153,30. 323,37 (*Sg 299, 9. Jh.;* -&-). 324,10. 3,304,33 (*SH d; nach Hbr. II,567,18 lat.*). 321,1 (*SH e; nach Hbr. II,567,43 lat.*). 339,43 (*SH g, 3 Hss.; nach Hbr. II,568,4 lat.*).

(*Mutter-*)*Mal, Fleck:*

a) *in einem Bilde:* lebeto ł vvarza [*quid iuvat vestram perfidiam vel prodest pellis Aethiopica et pardi varietas, si in nostro corpore*] *naevus* [*apparuerit? Hier., Ep. XCVII,2 p. 183*] Gl 2,323,37. 324,10;

b) *übertr.: Makel, Fehler:* girtaz ł lepato (*1 Hs.* girredun. unreht. girtaz ł lepetun) [*bene constituto matrimonio ... captivitatis incursus (sc. der Ehefrau) fecerat*] *naevum (i.e. macula)* [*: nisi sancta religionis statuta providerent, Decr. Inn. XXXVII p.203*] Gl 2,125,58 (*2 Hss.* nur girtaz). lebeto [*zu: qui*] *naevo (macula)* [*quodam ac macula pulchritudinem eius (abbatis) cupiens deformare, Cassian, Coll. XVIII,15 p. 1116*, oder *zu: qui ... ne tenuis quidem peccati*] *naevo* [*... candorem conscientiae fuscaverunt*, *ebda. XXIII,7 p. 1254*] 153,30;

c) *Glossenwort:* lebeto *naevus macula* Gl 3,304,33. 321,1. 339,43; *1 Hs.* (*SH al*) flecko, *vgl. Hbr. II,128,14.*

Vgl. Riecke, Med. Fachspr. 2,380 f.

lebdæ, lebde Gl 3,430,13 *s.* leiben.
lebeleia *s.* labeleia.
lebên sw. v., *mhd. nhd.* leben; *as.* libbian, *mnd.* lēven, *mnl.* leven; *afries.* libba, liva, leva; *ae.* libban, lifian; *an.* lifa; *got.* liban. – *Graff II,40 ff.*

lep-: *2. sg.* -es Gl 2,250,46 (*M, 3 Hss.*); -est 46/47 (*M*); *3. sg.* -& 1,97,19 (*R*); *1. pl.* -emes H 21,2,4; *3. pl.* -ent Gl 1,646,54 (*M*); -enth 54 (*M, 3 Hss.*); -ant 55 (*M*); *3. pl. conj.* -en 4,331,1 (*Prag, Domkap. O. 83, 8. Jh.*); *inf.* -en H 19,7,3; -an Gl 1,404,62 (*M, 3 Hss.*). 2,618,42; *part. prs. nom. sg. m.* -ent 62; -anter 224,62 (*S. Flor. III 222 B, 9. Jh.*); *gen. sg. n.* -entes Mayer, Glossen S. 99,19 (*zum partitiven Gen. s.* 1bα); *acc. sg. m.* -antan Gl 1,707,20 (*clm 19410, 9. Jh.*); *acc. pl. m.* -ente 2,328,33 (*clm 14747, 9. Jh.*). 343,21 (*clm 6325, 9. Jh.*); *1. pl. prt.* -atames 1,750,24 (*M;* -ta- *übergeschr.*); -item 25 (*M*); -itim ebda. (*M, 2 Hss.*); *3. pl. prt.* -etun 2,109,54 (*M, 4 Hss., 2* -&-); -eton 55 (*M*). – lipitimes: *1. pl. prt.* Gl 1,750,24 (*M*).

leb-: *1. sg.* -en T 82,11. 164,4; -o NpNpw 103,33. 117,17. 118 C,17. K,77 (2). S,144. Np 22,6. 55,9. 118 K,77. P,116. S,144. Cant. Ez. 19. Cant. Deut. 40. Npw 118 E,40; -e Np ebda. Npw 22,6. 118 P,116. S,144. Cant. Ez. 19. Cant. Deut. 40. W 10,4 (*BCFK*) [51,4]; *2. sg.* -es T 128,5; -est S 348,69. NpNpw 44,5; *3. sg.* -eet Gl 1,411,19 (*Rb;* -e&); -et 96,20 (*Pa;* -&). 411,30. 31 (*beide Rb;* -&). S 159,8. T 15,3. 55,4. 8. 60,2. 82,10. 11 (2). 135,15 (2). Nb 79,17. 25. 31 (-êt). 201,8. 251,21. 348,24 [68,16. 23. 29. 166,16/17. 199,2. 262,20]. Nc 756,24 [72,14]. Nk 482,15 [128,5]. NpNpw 17,47. 21,31. 38,7 (= Npw 6). 48,10. 19. 105,20. Np 48,10. 68,33. 71,15. 118 X,175. 146,1. 149,1; -it Gl 2,513,37 (*2 Hss.*). Npw 118 X,175. 146,1. 149,1; *1. pl.* -emes S 295,1 (*alem. Ps.*). H 10,1,1; -eên Nb 349,6 [262,28]; -en Np 89,9. Npw Cant. Es. 3; *2. pl.* -et T 164,4; -ent Nb 349,4 [262,26]; *3. pl.* -ent Gl 1,646,55/56 (*M*). S 171,19. T 88,8. 127,4. Nb 201,13 [166,20]. NpNpw 8,8 (= Npw 9). 21,27. 30,12. 37,20. 40,3. 47,11. 105,3. 9. 118 S,144. 134,3. 146,9. Np 68,22. 77,25. 80,13. 88,49. Npgl 70,19. Npw 106,1. 38; -ant Gl 1,646,55 (*M*); -int 56 (*M, 2 Hss.*). Npgl 70,19 (2); -en Np 104,29. Npgl 106,1; -on Npw 104,29; *3. sg. conj.* -ee S 195,32 (*B*); -e Np 68,33. 88,49. 108,8. Npgl 104,8; -o Npw ebda.; -] Ol 33. 95 (*mit Apokope vor vokalischem Anlaut*); *1. pl.* -en 80; *3. pl. conj.* -een Np 146,9; -en Npw ebda.; *2. sg. imp.* -e Nc 795,25 [113,22]; *2. pl. imp.* -et Npw 4,6; -ent Np ebda.; *inf.* -en Gl 1,405,1 (*M, 2 Hss.*). S 56,31 (*Lex Sal.*). 357,20. T 226,2. O 4,3,8. 5,12,25. 36. Nb 155,3. 163,19 [131,8/9. 137,22]. Nc 780,31 [98,5].

NpNpw 118 E,37. G,50. U,159. Np 55,9. 57,10 (2). 59,2. 67,7. 71,3. 13. 90,3. 93,4. 113,17'. Npgl 55,2. Npw 108,8; -in Gl 1,405,2 (*M*); *gen. sg.* -ennes NpNpw Cant. Ez. 12; *dat. sg.* -enne Nb 63,3. 131,6 [52,27/28. 112,24]. NpNpw 118 G,53. Np 83,2. 85,5; *part. prs.* -enti T 87,3. 215,2. O 1,6,6; -anti T 82,11; -ente S 356,28; *nom. sg. m.* -enter Gl 1,295,25 (*Rd;* -ˢ). 410,32 (*Rb*). Npw 142,2; -anter Gl 1,295,25 (*Jb;* -ˢ); -entir Npw Cant. Ez. 19; -ender Np 142,2 (-êr). Cant. Ez. 19; -ento T 82,10. 97,1; -ente S 135,17. 140,4 (*BB*); -endo 3 (*WB*). 157,6. Nk 367,11. 19 [3,12. 20]; *nom. sg. n.* -enda Npgl 64,2; -ende Nb 338,12 [225,26]; *nom. sg. f.* -ente Gl 3,482,10; -enda Nc 717,11 [34,6]; *gen. sg. m.* -entin Nk 471,8 [116,7]; *gen. sg. n.* -entes T 129,5; -endes Nb 292,5 [224,8]; *gen. sg. f.* -enden Npw 118 De ps. gr. 6; *dat. sg. m.* -entemo Nk 485,15 [131,12/13] (*oder n.*); -endemu I 38,17; -endemo Nb 19,3/4. 145,7 [15,15. 123,10/11]. Nk 482,31 [128,21]; -enten T 190,1 = T Fragm. S. 291,9; -enden Nb 20,1 [16,10]. NpNpw 41,3; *acc. sg. m.* -entan T 218,3; -enten NpglNpw 17,44; -enden Nb 301,1 [230,5]. Np 83,3. NpXgl 17,44 (*X = S.* VI,16); *acc. sg. f.* -enta O 4,26,36 (*nach Piper in V zweites* e *wohl aus* i *korr.*); *nom. pl. m.* -ente Gl 1,765,19 (*Sg 70, 8. Jh.*). S 140,21 (*BB*). 207,28 (*B*). 32 (*B*). NpNpw 113,18'. Np 123,3. Npgl 47,13 (*voc.*); -inte 106,38; -ende S 140,19 (*WB*). Np 54,16 (2; *1mal* -e *aus* o *korr.*). Npw Cant. Moysi 5; -inde Npgl 82,6; *gen. pl. m.* -entero T 127,4. O 5,23,86; -endero Np Cant. Ez. 11; -enton Np 68,29. Npgl 16,14. 33,17. 36,9. 29. 34. Npw 105,24; -enten 108,15. 114,9; -entun Cant. Ez. 11; -endon Np 26,13. 55,13. 114,9. Npgl 15,3. 26,13. 36,22. 51,7. 67,3; -enden Npw 15,3. 16,14. 20,11. 26,13 (2). 33,17. 36,9. 22. 29. 34; *dat. pl.* -enten NpNpw 21,23; -entin S 343,29; -endên Nb 91,16. 199,22. 204,25. 343,19 [79,10. 165,18. 168,25. 259,9]. Ni 577,1 [94,3/4] (-en). Nk 471,5 [116,4/5] (*lat. gen. sg.*). NpNpw 144,11 (-en). Np 87,11. 90,3 (*beide* -en); *acc. pl. m.* -ente S 33,104 (*Wk*). 139,6 (*BB*). 295,30 (*alem. Ps.*). Np Symb. 8. Npgl 59,2. Npw 7,8; -ende S 139,5 (*WB*). Nc 822,12 [141,15a]. NpNpw 123,3 (= Npw 2). Fides 36. Np 57,10. Npgl 7,9. Npw Symb. 8; *acc. pl. n.* -endiu Nc 728,11 [45,7]. Nk 391,10 [32,4]; *3. sg. prt.* -eta S 137,15 (*BB*). T 7,9. 223,5. O 1,15,3. 2,9,37. 5,11,42. Nb 134,24 [115,14]. Nk 473,29 [119,1/2]. NpNpw 112,7. Np 58,13. 88,40; -ete S 137,14 (*WB*); -ata Gl 1,735,31 (*S. Paul XXV a/1, 8./9. Jh.*); *1. pl. prt.* -iten 750,25/26 (*M*); *3. pl. prt.* -etun O 5,6,44; -eton Nc 823,5 [142,8] (-etôn). NpNpw 106,38. Np 67,26. Cant. Annae 8; -etin S 171,24; -atun Gl 2,109,56 (*M;* -b- *aus* t *korr.*); *3. sg. conj. prt.* -eti T 55,6. O 2,4,20. 3,24,52; gi-: *part. prt.* -et S 139,20 (*BB*); -it Npw 118 De ps. gr. 6; ge-: *dass.* -et S 139,20 (*WB*); leibinde: *part. prs. acc. pl. m.* 353,13 (*zu* -ei- *vgl. Weinhold, Alem. Gr. § 58, oder verschr.?*). – lib-: *3. sg.* -it Gl 1,294,46 (*Jb-Rd*); *3. sg. conj. prt.* -iti S 90,24 (*Sam., 10. Jh.*); *part. prs. gen. pl. m.* -endero Pw 55,13 (*vgl. van Helten, Gr. I § 43a*); libb-: *inf.* -on 71,15; -un 68,33; *part. prs. nom. pl. m.* -enda 54,16; *acc. pl. m.* -ende 57,10; *gen. pl. m.* -endero 68,29; [-iandira Pk 114,9 (*zu* -iand- *vgl. Ausg. Gr. § 130*)].

leu-: *1. sg.* -on W 10,4 (*A; zur Endg. vgl. Sanders, Leid. Will. S. 225*); *3. sg.* -ith Rhein. Vjbll. 39,284,13 (*Cap. Hs.;* -h *wohl aus* t *korr.*); *3. pl.* -en S 305,21 (*Cap.*) = Rhein. Vjbll. 39,284,12 (*Cap. Hs.*); *part. prs. acc. sg. n.* -enda W 70,3 (*A; zu* -a *vgl. Sanders a. a. O. S. 203 Anm. 488, zur Flexion vgl. ebda.*). – livende: *part. prs. acc. pl. m.* S 363,23.

Verkürzt geschrieben: lebend: *part. prs. acc. pl. m.?* S 351,25 (*alem. Gl. u. B.*); *hierher vielleicht:* l: Grdf.?

Mayer, Glossen S. 63,30 (*clm 4542, 9. Jh.; s.* 1bα); **un:** *3. pl. prt.* 58,20 (*clm 4542, 9. Jh.; s.* 4a).

Verschrieben: **leb-:** *part. prs. acc. pl. n.* **-endo** Nb 200,25 [166,10] (*l.* lebenden, *vgl. Ausg. K.-T. u. Anm. z. St.*); *dat. pl.* **-eten** S 118,18; **leuitt:** *3. sg.* 305,22 (*Cap.;* leuit *Steinm., s. o.* Rhein. Vjbll. 39,284,13); *verstümmelt:* **lepen..:** *part. prs. acc. pl. m.?* 70 Anm. 15 (*Musp.; l.* lepen*ten*); **leb:** *1. sg.* Np 118 E,40 (*V³* = K.-T. 10,450a; *nur oberer Teil erhalten*); **-]entI:** *part. prs. dat. pl.?* Mayer, Glossen S. 7,5 (*s.* 1bα).

Konjektur: lebeton: *3. pl. prt.* Npw Cant. Annae 8.

wollebeten Gl 1,745,44 *s.* follebên.

1) (*physisch*) *am Leben sein* (*im Gegensatz zu tot sein*), (*als Lebewesen*) *existieren, voll Lebenskraft sein, häufig im Part. Praes.* (*z. T. mit eigenständiger Bed.*), *auch von Abstr.* (*vgl. auch* 2)*:*

a) *in konjugierten Formen u. im Inf.:* lepan ni (*3 Hss.*, 3 niet) liez [*virum et mulierem*] *non vivificabat* (*1 Hs.*, 5 Hss. *-vit*) [*David, 1. Reg. 27,11*] Gl 1,404,62 (*1 Hs.* niouuiht lĭbhaftĭgôn). lepan scal [*non dixit '*] *victurus erit* ['*sed 'iam quia vivit', Sed., Carm. pasch. III,20*] 2,618,42. so hwer so farah forstilit, daz biuzan deru mooter leben mag *si quis porcellum furaverit, qui sine matre vivere potest* S 56,31. kasehante inan lepen chussant fuazzi truhtines *videntes eum vivere* H 19,7,3 min dohter nu arstarb, ouh quim uili sezzi thina hant ubar sia, so lebet siu *inpone manum super eam et vivit* T 60,2. iogiuuelih thie dar lebet inti in mih giloubit, ni stirbit ci euuidu *omnis qui vivit et credit in me, non morietur in aeternum* 135,15. thaz sie gisahin ouh tho thaz, thaz ther man, ther ju dot was (in selben mihila giwurt) leben andera stunt O 4,3,8 (*zur Satzkonstr. mit Inf. statt 3. Pers. Sing. vgl. Erdm. S. 440*). libbon sal (*der König*) in geuon sal *imo fan goldi Arabie vivet et dabitur ei de auro Arabiae* Pw 71,15. triuuo noh lebet kesunde . allero manno era . Symmachus tin suer *atqui . viget incolomis . illud preciosissimum decus generis humani . Symmachus socer* Nb 79,17 [68,16]. al daz tir lebet . taz ilet io halten sine gesundeda . unde flihet io den tod *omne namque animal tueri salutem laborat . mortem vero pernetiemque devitat* 201,8 [166,16/17]. uuir nelebeen nieht an preterito . noh an futuro . an demo presenti birn uuir io 349,6 [262,28]. fone dero conceptu beginnet taz chint leben an demo sibenden manode . so physici chedent [*vgl. ferunt enim phisici septimo mense vivere hominem intra materna viscera, Rem.*] Nc 780,31 [98,5]. (*die Fische*) leben ne mahton âna uuazzer NpNpw 104,29. vnz ih noh lebennes pedige (Npw begunda) hiu mih got nider *dum adhuc ordirer succidit me* Cant. Ez. 12. dines dankes lebo ih Np 55,9. ir suochent alle panem . daz der lichamo lebe [*vgl. ut vivat caro vestra, Aug., En.*] 68,33; *ferner:* S 295,1 (*vivere*). T 55,4. 6. 8. 223,5. 226,2 (*alle vivere*). O 3,24,52. Nb 79,25. 31. 349,4 (*alle vivere*) [68,23. 29. 262,26]. Nc 756,24 [72,14]. Nk 473,29 [119,1/2]. Np 55,9. 57,10. 85,5. 93,4. 118 K,77 (*vivere*). Npgl 70,19 (Np *vivere*); *in einer Beteuerungsformel: so wahr ... lebt:* lebeet sęla diniu chuninc ni uueiz *vivit anima tua, rex, si novi* [*1. Reg. 17,55*] Gl 1,411,19. ibu daz andar lebet truhtin lebet sęla diniu *quinimmo vivit dominus, et vivit anima tua* [, *quia uno tantum ... gradu, ego morsque dividimur, ebda. 20,3*] 30. 31; – *erw. mit temp. Best., mit Bezug auf die Lebensdauer:* uuanda daz in friste lebet . taz loufet fone gagenuuerti ze chumftigi *nam quicquid vivit in tempore . id procedit praesens in futura* Nb 348,24 [262,20]. si ouh der mennisco transiliens mundum . er ist unz er lebet . samahaftiu uuehsalheit *verumtamen universa vanitas . i. mutabilitas . omnis homo vivens* NpNpw 38,7 (= Npw 6). truhtene singo ih . unz ih lebo *cantabo domino in vita mea* 103,33. darana skinet . uuanda alle unsere taga . die uuir leben mahtin nah unserro forderon altere . sint fersuinen Np 89,9. unmanige uuerden sine (*d. i. Judas'*) taga. er scolta langora leben, ube er sin leben keminnerot nehabete mit dero gotis uerchoufunga *fiant dies eius pauci* Npw 108,8; *ferner:* Nk 482,15 [128,5] (*esse*). NpNpw 22,6. 48,10 (*vivere*). 19 (*vita*). Np 57,10. 108,8;

b) *im Part. Praes.:*

α) *am Leben seiend, lebendig, voll Lebenskraft, auch von Sachen/Abstr., adjekt. u. substant.* (*vgl.* lebĕntîg 1)*:* lepenter [*haud aliter*] *vivax* [*deceptus mole caduca spiritus, inpleto venit cum terminus aevo, post obitum peccata dolet, Av., Poem. lib. 3,213*] Gl 2,2,62. lepente [*sed illos* (*martyres*) *tanto devotius* (*colimus*), *quanto securius post certamina superata, quanto etiam fidentiori laude praedicamus iam in vita feliciore*] *victores* [, *quam in ista adhuc usque pugnantes, Is., De off. 1,35 p. 770*] 343,21 (*in Verwechslung mit lat. victuros? Oder Bezug zu vita?*). lebenton [*si enim nulla nos in hac vita operum culpa maculasset, nequaquam nobis adhuc*] *degentibus* [*ipsa ad securitatem innocentia nostra sufficeret, quia illicita animum multa pulsarent, Greg., Cura 3,30, PL 77,111C*] Mayer, Glossen S. 7,5. lebenti sines [*quid*] *vivens eius* [(*d. i. der verstorbenen Tharsilla*) *spiritus semper egerit, caro mortua testabatur, ders., Hom. II,38, PL 76,1291D*] 63,30. lepentes [*quapropter ne totum quidquid in nobis*] *vividum* [*est et quasi vitali vegetatione sancti spiritus animatur uno tantum huius mali morsu basiliscus interimat, divinum ... imploremus auxilium, Cassian, Coll., PL 49,1124 A*] 99,19. nist got totero ouh lebentero *non est deus mortuorum sed vivorum* T 127,4. (*die Hohenpriester zu Pilatus:*) uuir gihugitumes thaz ther forleiteri quad noh thanne lebenti *recordati sumus quia seductor ille dixerit adhuc vivens* 215,2. uuaz suochet ir lebentan mit toten? *quid quaeritis viventem cum mortuis?* 218,3. cumi dot ouir sia, in nitherstigin an hellon libbenda *descendant in infernum viventes* Pw 54,16, *z. gl. St.* faren iro principes lebende ze hello Np 54,16. (*Sokrates*) chad ten eid uuesen tiureren . den man suuore bi demo lebenden hunde . danne bi demo toten Ioue Nb 20,1 [16,10]. negebristet imo nio sorgun lebendemo *nec cura mordax deserit superstitem* 145,7 [123,10/11]. mennisko ist ein lebende ding . zuibeine . redohafte *homo est animal bipes . rationale* 338,12 [225,26]. tarazu uueiz ih taz er (*d. i. Cyllenius*) ... samoso lebendiu ioh keseliu bilde uuurchet . eriniu unde marmoriniu *cum vivos etiam vultus aeris aut marmoris . signifex animator inspirat* Nc 728,11 [45,7]. (halbkota . unde erdkota) uuerdent uzer solchen menniskon . so Eneas uuas . unde Achilles . tie uuir ioh lebende heizen heroes . taz chit hertinga alde chueniga 822,12 [141,15a]. sol io be note einuueder sin an des lebentin lichamen . siechi alde gesundi *necessarium est alterum esse in animalis corpore . vel languorem vel sanitatem* Nk 471,8 [116,7]. der sih hier geeinot uuesen gote hostia uiua (lebenda opher) . der uuirt iz follechlichor in Ierusalem cęlesti Npgl 64,2. also Iacob unde Laban testamentum (des einunga) taten . daz sie ioh uiui (lebinde) uueren solton 82,6. (*die Sünder*) fuoren ce grunte also stein ... uuande si lebende steine neuuaren Npw Cant. Moysi 5 (Np *vivi*). in numero fidelium thar sint michelero dignitatis casti ..., thie hiro leuenda corpus ... immune behaldent a fervore luxurię [vgl. coniugium spernunt et sic immunia reddunt membra a luxuria quamvis in corpore viva, Expos.] W A 70,3 (BCFK lebēntîg); lebênte inti tôte/tôte inti lebênte: thanan cumftiger ci suanne lebente endi tote *inde venturus iudicare vivos et mortuos* S 33,104, *z. gl. St.* NpNpw Symb. 8. Fides 36. NpglNpw 7,9 (= Npw 8), *ähnl.* S 70 Anm. 15. 139,6 (*BB* = 5 *WB*). 343,29. 351,25. 353,13. 363,23; – lebênti mahhôn, *mit abstr. Akk.:* diu werch ... diu den heiligin glouben ann iu lebente machen S 356,28; – *als Übers. des abl. abs.: zu Lebzeiten:* dher chiuuisso bi sinemu fatere lebendemu bigunsta riihhison *ille enim patre suo vivente coepit regnare* I 38,17. imo (*d. i. Plato*) lebendemo . uber si genota (*i. e.* ubersigenota) sin meister Socrates ten dot ...? *eodemque superstite . praeceptor eius Socrates . promeruit victoriam iniustae mortis* ...? Nb 19,3/4 [15,15]; – *in einer Pflanzenbez.:* lebente muschela *musica animata* Gl 3,482,10 (*vgl. in dens. Hss. noch* vogelchrut *musica* 482,4; *vgl. auch* 476,9 *s. v.* lebēntîg 1); – *ferner:* S 295,30 (*vivus*). O 1,6,6. 4,26,36. Pw 57,10 (*vivere*). Nb 292,5 (*vitam spirare*). 301,1 [224,8. 230,5]. Nk 367,11. 19. 471,5 (*alle animal*). 482,31 (*esse*). 485,15 [3,12. 20. 116,4/5. 128,21. 131,12/13]. NpNpw 113,18' (*vivere*). 123,3 (= Npw 2; Np *vivus*). NpglNp*X*glNpw 17,44 (*X* = S. VI,16; NpNp*X vivus*). Np 54,16 (2; *1 Beleg vivus*). 57,10 (*vivere*). 87,11. 123,3 (Npw lebēntîg);

β) *noch am Leben seiend, über-, weiterlebend, adjekt. u. substant.* (*vgl.* ubarlebên)*:* lebent*er* denne [*heu, quis*] *victurus* [*est, quando ita faciet deus? Num. 24,23*] Gl 1,295,25. lepantan [*dixitque pater ad Ioseph: Iam laetus moriar, quia ...*] *superstitem* (Hs. stitem) [*te relinquo, Gen. 46,30*] 707,20. lepant*er* [*hinc Moyses ait, ut uxorem fratris sine filiis defuncti,*] *superstes* (Hs. -stis) [*frater accipiat, atque ad nomen fratris filios gignat, Greg., Cura 1,5 p. 6*] 2,224,62. lepente [(*Benjamin*) *non recipit consolationem ... Sive quod eos* (*filios*) *in aeternum mortuos aestimaret, sive quod consolari se nollet de his quos sciret esse*] *victuros* [*Hier. in Matth. 2,20 p. 28*] 328,33;

γ) *substant.: Lebewesen, Mensch:* ter mennisco ist ein ding libhafte, redohafte, totig, lachennes mahtig ... mit tiu habist tu in genoman uzer den anderen lebent*en* S 118,18. anderen lebend*en* . unde vuallonten ist tarazuo gelazen *imaginatio imaginatio vero mobilibus belvis* Nb 343,19 [259,9]. tiu maht faciendi et non faciendi . diu ist an dien lebenten . aber diu echert faciendi diu ist an dien unlebenden *haec quidem in mobilibus solis est potestas . illa vero et in immobilibus* Ni 577,1 [94,3/4]. uuanda fore dir nehein lebender unsculdig neist *quia non iustificabitur in conspectu tuo omnis vivens* [*vgl. sed cum dicitur omnis vivens, hominem significat generalem, Cass.*] NpNpw 142,2. uuanda du allen lebenden den lib . unde unlebenden den samen iro uuerennis habest kegeben [*vgl. quam potens deus, qui dedit vitas suas proprias animalibus, Aug., En.*] 144,11; *ferner:* Nb 91,16 (*animans*). 199,22. 200,25. 204,25 (*alle animal*) [79,10. 165,18. 166,10. 168,25]. Nk 391,10 [32,4] (*animal*).

2) *sein Leben zu-, verbringen, auch im Part. Praes.* (*vgl. auch* 1)*:*

a) *an einem best. Ort leben, verweilen, sich aufhalten, mit Präp. verb./Adv.,* auch *übertr:* libit ist *versatur* [*vielleicht zu: idcirco ego praecipio tibi ut aperias manum fratri tuo ... qui tecum*] *versatur* [*in terra, Deut. 15,11, oder zu: in qua* (*terra*)] *versatus* [*es advena, Gen. 21,23*] Gl 1,294,46 (*vgl. Anm. z. St.*). ich gloubo daz der haltente Christus an dirre werlte lebeta als ein ander mennisco, az, tranc, slief, hungerota, dursta, douita, weinota, suizta, unde arbeitennes muodeta S 137,15 (*BB* = 14 *WB*). az er (*d. i. Christus*) fora in ..., thaz westin sie ..., thaz er thaz ferah habeta, in lichamen lebeta O 5,11,42. lebe dar in dero heiligun zorfti des himeles . dia du ze lone dinero arbeito chunnen solt *utere sacro candore aetheris* Nc 795,25 [113,22] (*vgl.* b). (*Jesus*) lebet nals hier uuanda iz chit . *tolletvr de terra vita eivs* (sin lebin uuirt fone erdo genomen) nube in celo (in himile) *vivet* Np 71,15. vuar ist uetus testamentum Iudeorum . an demo Dauid lebeta? 88,40; *in, durch jmdn. leben, wirksam sein, von Gott:* sie irfaren uuerden in iro ubermuoti. Vuieo in gemeitun sie sih ahtoton fortes . menniscen slando . in demo got lebeta 58,13; – *im Part. Praes.:* lebente [*non in sapientia carnali, sed in gratia dei*] *conversati* [*sumus in hoc mundo: abundantius autem ad vos, 2. Cor. 1,12*] Gl 1,765,19;

b) *in einem best. Zustand, unter best. Gegebenheiten leben, mit Präp. verb./Adv./adverb. Gen.:* lepatames [*cum in multa pace*] *agamus* [*per te, et multa corrigantur per tuam providentiam, Acta 24,2*] Gl 1,750,24. lepes [*qui ... a Romano pontifice sub quo*] *degis* (*1 Hs.* -es) [, *praedicationis licentiam non accepisti, Greg., Dial. 1,4 p. 168*] 2,250,46. lebit [*estne deus iam noster homo?*] *versatur* [*et adstat nobiscum, Prud., Apoth. 605*] 513,37. siu quat, sus libiti, commen nehebiti S 90,24. allo ziti guoto so leb er (*d. i. Ludwig*) io gimuato Ol 33. uuanta thaz ist funtan, unz wir haben nan (*d. i. Ludwig*) gisuntan, thaz leben wir ... mit frewi joh mit heilu 80. mit uuunnon zelebenne . unde darinne zesuuummenne *voluptate diffluere* Nb 131,6 [112,24]. also diues sepultus in inferno . âne ende mit arbeiten lebet Np 48,10. uuanda sie in carnis maceratione lebeton . also timpanum uuirt uzer corio siccato et extento 67,26. nesehent daz niet ana, uuelihes leides ih lebe W 10,4 [51,4] (*oder liegt statt eines adverb. Gen. ein Gen.-Obj. zu* lebēn *in der Bed. 'erleben, erfahren' vor?*); *ferner:* NpNpw 112,7. Np 59,2. 83,2. Cant. Annae 8. Npgl 70,19 (Np *vivere*);

c) *in Gemeinschaft mit jmdm. leben, Umgang mit jmdm. haben:* lepenth *agent* [*tecum in odio, et tollent omnes labores tuos, Ez. 23,29*] Gl 1,646,54. (*Anna*) lebata mit commane ira fona magahtheiti ira *vixerat cum viro suo annis septem a virginitate sua* [*Luc. 2,36*] 735,31, *z. gl. St.* lebeta mit ira gommanne sibun iar fon ira magadheiti T 7,9. lepen [*de episcopis qualiter cum suis clericis*] *conversentur* [*Greg., Ep. II,333,3*] Gl 4,331,1. in imo (*d. i. Abraham*) er (*d. i. Isaak*) suazo lebeta, zi herzen er mo klebeta O 2,9,37. mih irdroz dero (*d. i. der Sünder*) miteuuiste . mit dien hier zelebenne ist in disemo libe [*vgl. quia cum eis conversari in hac vita ... cogitur, Aug., En.*] NpNpw 118 G,53; – *im Part. Praes.:* lebenter [*itaque*] *conversatus* [*coram vobis ab adolescentia mea usque ad hanc diem, 1. Reg. 12,2*] Gl 1,410,32. in samanungu lebente *in cenobiis degentes* S 207,32.

3) *ein Leben über das irdische Dasein hinaus haben, ewig leben, häufig im Part. Praes.* (*z. T. in eigenständiger Bed.*)*:*

a) *in konjugierten Formen u. im Inf.:* niuuillu tod des suntigin uzzan daz kehuueraue indi lebee *nolo mortem peccatoris, sed ut convertatur et vivat* S 195,32. thie thar in mih giloubit, cisperi ob her tot uuirdit, lebet *qui credit in me, etiamsi mortuus fuerit, vivet* T 135,15. ir gisehet mih, uuanta ih leben inti ir lebet *quia ego vivo et vos vivetis* 164,4. duo mih fernemen ... uuieo ih danne uuarhafto lebo . ube ih temporalem uitam . umbe dina geiiht ferliuso NpNpw 118 S,144. anderen gab er (*d. i. Jesus*) ouh . daz sie lebent . unde furder neirsterbent [*vgl. vivent et ipsi in aeternum, et non videbunt mortem, Aug., En.*] Np 88,49; *ferner:* T 88,8. 128,5 (*beide vivere*). Pw 68,33 (*vivere*). NpNpw 118 P,116 (*vivere*). Np 68,33. 117,17 (*beide vivere*); – *mit Gen. des Inhalts:* vone diu nestirbo ih (*d. i. die Ecclesia*) nieht ... sunter ih lebo des libis der dir unchunt ist, unde cello siniu uuerh *non moriar, sed vivam* Npw 117,17 (Np nube ih lebo); – *erw. mit temp. Best.,* für 'ewig': gewa*l*tiger herre, du der lebest unde rihsenst uone ewen *unde* ze ewen S 348,69. so uuer so izzit fon thesemo brote, lebet in euuidu *si quis manducaverit ex hoc pane, vivet in aeternum* T 82,10, *ähnl.* 11 (*vivere*). waz wuntoro ist, thaz wolta, ther iamer leben scolta, er ingiang ungimerrit duron so bisperrit [*vgl. post resurrectionem suam in aeternum iam victurus intravit, Alc. zu Joh. 12,20*] O 5,12,25. allo ziti guato leb er (*d. i. Ludwig*) thar (*d. i. im Himmelreich*) gimuato Ol 95. iro (*d. h. der Gott Suchenden*) herzen lebent iemer . uuanda sie die fuora habent *vivent corda eorum in saeculum saeculi* NpNpw 21,27; *ferner:* O 5,12,36. NpNpw 118 S,144 (2). Cant. Deut. 40 (*vivere*). NpglNpw 106,1 (Np *vivere*);

b) *im Part. Praes.: substant.,* meist Plur. (*vgl.* lebĕntîg *2):* uuanda thu generedos sela mina fan dode ... that ic like fore gode an liohte libendero *ut placeam coram deo in lumine viventium* Pw 55,13, *z. gl. St.* Np 55,13. der cehento ... ist dera heiligen christenheita, dera uirfarnen unde dera lebenden Npw 118 De ps. gr. 6; *ferner:* NpglNpw 36,29 (Np *vivens*); *in Verbindung mit* lant/erda/rîhhi: *Himmelreich:* thiz ist todes giwalt – thar ist lib einfalt, wanta himilrichi theist lebentero richi O 5,23,86. hinafure ist iz . dar lichen ih gote . in dero lebendon lande. Dar nesint lacrim*ę* . dar neist lapsus *placebo domine in regione vivorum* NpNpw 114,9, [*z. gl. St.* uuole likiu drohtine an rikie libbiandira Pk 114,9]. ih uuirdo irgezzet in terra uiuentium (Npgl lande lebendon, Npw in dero lebenden lande) . des ih hier lido in terra morientium (Npgl lande todenton, Npw in dero erda dero sterbenden) NpglNpw 26,13. du nelazest sie uuuocheren in dero lebenden erda Npw 20,11 (Np *in terra viventium,* Npgl *in paradyso*); *ferner:* NpNpw 26,13. Cant. Ez. 11 (*beide terra viventium*). NpglNpw 15,3. 16,14. 33,17. 36,9. 22. 34 (*alle* Np *terra viventium*). Np 51,7 (*terra viventium*). Npgl 67,3 (Np *terra viventium*). Npw 108,15; – *in Verbindung mit* (briaf)buoh: *Lebensbuch* (*vgl. Bibellex. Sp. 265f.*): fardiligot uuerthin fan buoke libbendero *deleantur de libro viventium* Pw 68,29, *z. gl. St.* abe dero lebenton briefpuoche uuerden sie gescaben Np 68,29; *ferner:* Npw 105,24 (Np 23 *liber tuus,* Npgl lîbbuoh); – *ewig bestehend u. wirkend, ewiges Leben spendend, adjekt., in best. Verbindungen* (*vgl.* lebĕntîg *2):* lebênti got/fater: ich gloube ..., daz der ... uater, unde der ... sun, unde der ... heiligoste geist ein warer lebente trohtin got ist S 135,17. soso mih santa lebanti fater *sicut misit me vivens pater* T 82,11. min sela ist dursteg . daz chit . si ist kereg ze demo lebenden gote *sitivit anima mea ad deum* (Npw *fontem*) *vivum* NpNpw 41,3; *ferner:* T 190,1 = T Fragm. S. 291,9 (*deus vivus*). Np 83,3 (*deus vivus*); lebênti leib: ih bim ther lebento leib ther fon himile nidarsteig *ego sum panis vivus* T 82,10; lebênti uuazzar: oba thu uuessis gotes geba ... thu odouuan batis fon imo thaz he dir gabi lebenti uuazzar *tu forsitan petisses ab eo, et dedisset tibi aquam vivam* 87,3; *ferner:* ebda. 129,5 (*beide aqua viva*).

4) *sein Leben auf eine best. Art führen, gestalten, auch im Part. Praes.:*

a) *einen best. Lebenswandel haben, sich betragen, mit Adv./Präp. verb.:* lepetun [*de his, qui inrationabiliter*] *versati sunt* [*Conc. Anc. XXXV p. 121*] Gl 2,109,54. lebe*t*un [*sed quia antiqui patres usque ad adventum domini, quantumlibet iuste*] *vixerint* [*, ducti ad regnum non sunt, nisi ille descenderet, Greg., Hom. I,19, PL 76,1156C*] Mayer, Glossen S. 58,20. daz sint sa die kihietin, die dir lebent chuosclihen, rehte unte einualtichen [*vgl. coniugali vita caste, pie, simpliciterque viventes, BH, Schmid II,21,67*] S 171,19. (*Simeon*) was goteforahtal, joh rehto er lebeta ubar al [*vgl. homo iste iustus et timoratus, Luc. 2,25*] O 1,15,3. thaz wolt er (*d. i. der Teufel*) gerno irfindan, ... wio er (*d. i. Jesus*) thar untar sinen mohti thaz irliden, thaz er ekordi eino lebeti so reino 2,4,20. ten namen gaben imo (*dem Epikur*) die andere philosophi . uuanda er uoluptati folgendo . mit sinen sectatoribus porcis . kelicho lebeta Nb 134,24 [115,14]. ferlegener unde lazer ... lebet in eseles uuis *segnis ac stupidus torpet . asinum vivit* 251,21 [199,2]. mine fienda lebent selbuualtigo . unde ist in uuola *inimici autem mei vivunt i. libere agunt* NpNpw 37,20; *ferner:* S 139,20. 159,8 (*vivere*). 171,24. O 5,6,44. Nb 155,3 (*vivere*). 163,19 (*vita*) [131,8/9. 137,22]. Nc 823,5 [142,8] (*vita*). NpNpw 4,6. 8,8 (= Npw 9). 44,5. 47,11. 105,3. 146,1. 9. Np 68,22. 71,3. 13. 88,49 (*vivere*). 90,3. Npgl 55,2. 70,19 (*beide* Np *vivere*). Npw 106, 38 (Npgl lebênti, Np *vivens, s. u.*). 118 De ps. gr. 6; – *im Part. Praes.:* ther iungoro sun ... ziuuarf sina heht lebento uirnlustigo *dissipavit substantiam suam vivendo luxuriose* T 97,1. ih heizzo dinen namen chunt tuon minen bruoderen . daz chit dinen holdon . minnechlicho lebenten [*vgl. narrabo nomen tuum humilibus, Aug., En.*] NpNpw 21,23; *ferner:* S 140,4 (*BB* = 3 *WB*). 21 (*BB* = 19 *WB*). 157,6 (*vivens*). Nc 717,11 [34,6] (*versans*). Np 90,3. Npgl 47,13 (NpNpw *vivens*). 106,38 (Np *vivens,* Npw lebên, *s. o.*);

b) *in etw./jmdm. leben: mit Präp. verb.:* filii ecclesie lebent uuirs in minen sacramentis [*vgl. peius ... vivunt ... in sacramentis meis, Aug., En.*] NpNpw 30,12. Christvs ist ueritas unde uia . an imo tuo mih leben 118 E,37. der singet in (*d. i. niuuuen cantiken*) . der ueterem hominem ilet abanemen . unde nouum analegen ... der in caritate lebet nals in discordia 149,1; *mit Dat.* (*für lat. Abl.*): kotes kalaubu dera lebemes *dei fide qua vivimus* H 10,1,1; *ferner:* NpNpw 40,3. 118 K,77. X,175 (*vivere*);

c) *nach etw. leben, mit Dat./Präp. verb.:* (*wer eine Schenkung machen will u. außerhalb der Grafschaft weilt*) samant neme himo athe uane sinen gelandun athe uane andern, thie theru selueru uuizzidi leuen, theru er seluo leuith, urcundun retliche *adhibeat sibi vel de suis pagensibus vel de aliis, qui eadem lege vivant, qua ipse vivit, testes idoneos* S 305,21. 22 = Rhein. Vjbll. 39,284,12. 13. mit disem glouben schult ir leben, da mit sult ir sterben 357,20. nemuoto nieht ... dinero rihti ze lebenne *ne desideres vivere proprio iure* Nb 63,3 [52,27/28]. sie lebent nah iro gelusten *ibunt in voluntatibus suis* Np 80,13; – *im Part. Praes.:* nalles iro selbsuana lebente edo kiridon iro indi vvilloom hoorsamonte *non suo arbitrio viventes vel desideriis suis et voluntatibus oboedientes* S 207,28;

d) *für jmdn. leben, mit Dat.:* trore sinemu rosfaruuemu choronto lepemes kote *cruore eius (sc. Christi) roseo gustando vivimus deo* H 21,2,4. aber mir lebet truhten fater miner . unde ... min got *vivit dominus et ... deus meus* NpNpw 17,47. diu min sela lebet imo . uuanda si in einen uuile *anima mea ipsi vivet* 21,31; *ferner:* T 127,4 (*vivere*). NpNpw 105,9; – *im Part. Praes.:* in sapore sapientie . mortuos saeculo *uiuentes* deo (in demo smache uuisheite tote dero uuerlte lebente gote) Npgl 59,2;

e) *spez.: im Glauben an Gott u. die christliche Verheißung leben, auch im Part. Praes.* (*vgl. auch* 1 *u.* 3)*:* vuanda daz du gesprache . daz teta mih leben *quia eloquium tuum vivificavit me* NpNpw 118 G,50. ih ... lebo uuarhafto . so ih nefurhto . daz ih furder irsterbe K,77; *ferner:* C,17 (Np *vivere*). Cant. Ez. 19 (Np *vivere, oder zu* 1); – *im Part. Praes.:* lebender lobot tih . also ih hiuto lebo . unde dih lobo *vivens vivens ipse confitebitur tibi . sicut et ego hodie* NpNpw Cant. Ez. 19.

5) *von etw. leben, sich von etw. ernähren, sich durch etw. am Leben erhalten:*

a) *eigentl.: sich von etw. ernähren: mit Gen. d. Sache:* in themo einen brote ni lebet thie man, uzouh fon iogiuuelihemo uuorte ... fon gotes munde *non in solo pane vivit homo, sed in omni verbo ... de ore dei* T 15,3; *ferner:* NpNpw 146,9; – *mit Präp.verb.:* an des fehes pilde . daz heuues lebet *in similitudinem vituli comedentis faenum* NpNpw 105,20. uues aber ih sule iehen fone boumen . unde fone chriuteren . tiu fone saffe lebent . unde fone unlebenden . so lapides unde metalla sint Nb 201,13 [166,20];

b) *übertr.: aus etw., jmdm. geistig-seelische Kraft zum Leben schöpfen, mit Gen./Adv./Präp.verb.:* soso mih santa lebanti fater inti ih leben thuruh then fater, inti ther thar mih izzit, inti her lebet thuruh mih *sicut misit me vivens pater et ego vivo propter patrem, et qui manducat me et ipse vivet propter me* T 82,11. dero (*sc. copiosa doctrina*) lebeton ioh iro iumenta (feo) . daz sint simpliciter uiuentes in ęcclesia NpNpw 106,38. an mir ist daz mih toden mag dannan ih lebe . daz nefindo ih . âne an dir [*vgl. quia in me unde morerer habui; unde autem vivam non invenio nisi in te, Aug., En.*] 118 E,40. herro tuo mih leben an dinero genado. Persecutores todent mih . du chicche mih *domine in misericordia tua vivifica me* U,159. ut iustus ex fide uiuat (daz reht man fone geloubo lebe) NpglNpw 104,8. (*Gott*) ist panis angelorum . uuanda sin lebent sie [*vgl. unde caelestia spiritalem escam capiunt, Cass.*] Np 77,25. tote nelobont dih . noh die ze hello farent . Vueliche sint daz? Âne die fone in selben leben uuellen? [*vgl. nam si ex se velint vivere, morientur, Aug. En.*] 113,17' (Npw *nur uuellent*). uuanda fone sinero gnada so mugen uuir so leben uuir so birn uuir suaz uuir birn Npw Cant. Es. 3 (Np 4 *vivimus*); *ferner:* NpNpw 134,3. Np 67,7.

6) *Glossenwort:* pithechit leb*et* puit hrorit *degit vivit habitat agit* Gl 1,96,20. lepet *degit* 97,19.

Komp. eban-, fol-, missilebên; *Abl.* lebĕntîg, ?leblich *mhd.; vgl.* lebên *st. n.,* -lebo, -lebi, -lebênti; *vgl. auch* lîb.

[BULITTA]

gi-**lebên** *sw. v., mhd. nhd.* (*älter*) geleben; *mnd.* gelēven, *mnl.* geleven; *ae.* gelibban, -lifian (*vgl. Bosw.-T., Suppl. S. 357*). – *Graff II,43.*

ke-leb-: *3. pl. prt.* -eton Np 89,4; gi-: *1. pl. prt.* -etun O 1,1,126 (*PV*); ge-: *dass.* ebda. (*F*).

1) *etw. erleben:* thaz wir Kriste sungun in unsera zungun, joh wir ouh thaz gilebetun, in frenkisgon nan lobotun O 1,1,126 (*zur Konstr. vgl. Erdm. S. 343*).

2) *eine best. Zeit lang leben, ein best. Alter erreichen, mit temp. Akk.:* uuanda fore dinen ougon decies centum anni diu alte liute ante diluuium nah kelebeton . samochurz sint . samoso der gesterigo dag Np 89,4.

ubar-**lebên** *sw. v., mhd. nhd.* überleben; *mnd.* overlēven, *mnl.* overleven; *ae.* oferlibban. – *Graff II,43.*

upar-lep-: *part. prs. nom. sg. m.* -ento Gl 2,220,28 (*clm 18550,1, 9. Jh.*); up-: *acc. sg. f.* -enta 270,40 (*M, 2 Hss.; s. u.*); -inta 41 (*M;* -lepa¹nta; *s. u.*).

uparlibit Gl 2,172,74 *s.* ubarlîban.

über-, weiterleben, nur im Part. Praes., substant.: der uparlepento [*hinc Moyses ait, ut uxorem fratris sine filiis defuncti,*] *superstes* (*Hs.* -stis) [*frater accipiat, atque ad nomen fratris filios gignat, Greg., Cura 1,5 p. 6*] Gl 2,220,28. sia uperlepenta [(*die heilige Felicitas*) *optavit nullum* (*ihrer Söhne*) *post se relinquere, ne si quem haberet*] *superstitem* [*, non posset habere consortem, ders., Hom. I,3 p. 1445*] 270,40 (*formaler Bezug des lat. Lemmas gegen den Kontext wohl auf das Fem.*).

Abl. ubarlebo; ubarlebi.

uuidar-**lebên** *sw. v., mhd.* widerleben, *nhd. dial. pfälz.* widerleben *Pfälz. Wb. 6,1310; mnl.* wederleven.

vuider-leb: *3. sg. conj.* Gl 2,285,40 (*M, clm 9573, 11. Jh.; verschr.?*); **uuider ... lebenne:** *inf. dat. sg.* Npw 111,10.

1) *wieder zum Leben kommen:* (*dem Sünder*) neskihet nieht ze gremezzenne unde uuider ze lebenne, so iz fuore, ube er in demo gefuorsamen zite riuuesete [*vgl. non enim frondebit* (*schon in* Np *in frendere geändert*) *et virescet, sicut fieret si opportuno eum tempore paeniteret, Aug., En.*] Npw 111,10 (Np *revirescere*).

2) *anders leben, zur Besinnung kommen:* vuiderleb [*ut qui in iuventute ad vias vitae non evigilat, saltem in senectute*] *resipiscat* [*Greg., Hom. I,13 p. 1483*] Gl 2,285,40 (*1 Hs.* iruuerban. sih gibuozen, *3 Hss. nur* iruuerban).

lebên *st. n.* (*vgl. dazu Wilm., Gr.* 2² *§ 303,4*), *mhd. nhd.* leben; *mnd. mnl.* leven; *vgl. ae.* lifen *f.,* got. libains *f.* – *Graff II,41 s. v.* lebên *sw. v.*

leb-: *nom. sg.* -en Gl 3,418,58 [HD 2,392]. NpNpw 145,2. Cant. Ez. 17; -in Npgl 71,15; *gen. sg.* -ennes Gl 3,414,51 [HD 2,237]. S 148,17 (*BB*); -annes 188,73; -enes 347,66 Anm. 23 (*Hs. B*). 360,123. 124; *dat. sg.* -enne 141,5 (*BB*). 153,8; -enna 141,4 (*WB*); -ene 360,126; -en 349,107 (*Hs. B*); *acc. sg.* -en Gl 3,417,26 [HD 2,363]. Npw 108,8; -an S 147,39; leƀn: *nom. sg.* Gl 3,68,63 (*SH A, clm 23796, 15. Jh.*).

Formen des substant. gebrauchten, flekt. Inf. ohne Attrib. (*Pron., Adj.*) *s.* lebên *sw. v.*

1) *Leben, (physische) Existenz* (*im Gegensatz zum Tod*), (*irdisches*) *Dasein, auch in einem Bilde:* lebennes *vitae* [*vgl. ut pinguem facias in vitae vite racemum, HD 2,237*] Gl 3,414,51 [HD 2,237]. daz leben *vivere* [*vgl. gloria ... et decus omne mortem non adimunt, vivere non redimunt, HD 2,362*] 417,26 [HD 2,363]. dara nah bito ih umba alla die ..., daz si muozzen

Bei Fragen zur Produktsicherheit wenden Sie sich bitte an:
If you have any questions regarding product safety,
please contact:

Walter de Gruyter GmbH
Genthiner Straße 13
10785 Berlin
productsafety@degruyterbrill.com